한국직업능력개발원 등록 제2014-4003호
Espresso Machine Operator

커피머신 정비의 이론과 실제

국가직무능력표준(NCS)의 바리스타 능력단위에 기반한 지침서

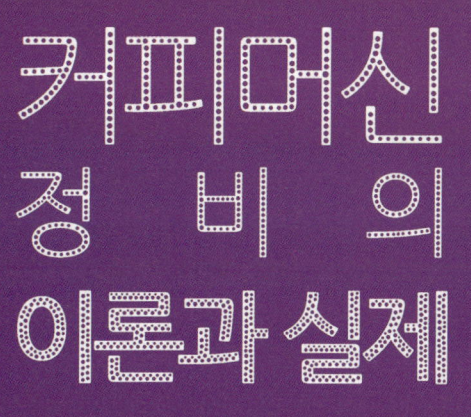

김도현, 김영달, 박석원, 김대성, 한영선 | 공저

도서출판 **한수**

14세기 오스만투르크 제국에 의해 동.서양으로 널리 알려지게 된 터키식 커피부터 드립커피, 사이폰, 에스프레소 머신에 이르기까지 커피의 좋은 풍미를 극대화하고 좀 더 빠르고 편리하게 추출하기 위해서 많은 노력과 개발이 이어져 왔다.

그 중 에스프레소 커피머신(Espresso Coffee Machine)은 커피를 추출해 내는 가장 중요한 기계 장치로 인간이 커피를 마시기 위하여 만들어 낸 다양한 기구들 중에서 가장 과학적이고 현대적이며 경제적인 방법으로 인정받고 있다.

현재 우리나라는 유명 프랜차이즈 커피전문점 확산과 소규모 개인 창업 활성화 등으로 커피머신의 사용이 증가하고 있지만 고장과 수리로 인한 서비스 비용 역시 증가함으로써 경영에 적지 않은 영향을 미치고 있다.

그러한 이유로 커피전문점 운영에 있어 가장 기본적인 커피머신과 그라인더의 구조, 고장 증상 시 응급처치 등을 제시함으로서 심각한 고장이 아니라면 일상적 처리가 가능하도록 이 책을 구성하였다.

또한 이 책은 사단법인 한국능력교육개발원이 주최하고 한국커피자격검정평가원이 시행하는 '커피머신정비사(E.M.O : Espresso Machine Operator)' 자격요건에 맞춰 커피 추출의 필수 장비들인 커피머신과 그라인더를 좀 더 전문적으로 관리할 수 있도록 한 지침서로서 커피바리스타와 엔지니어들뿐만 아니라 실제 매장 운영자들도 머신과 그라인더를 보다 손쉽게 관리할 수 있도록 정리하였다.

에스프레소를 기반으로 하는 커피의 맛은 결국 커피머신과 그라인더를 통해 완성 된다는 말이 있다. 그렇게 때문에 커피를 추출하는 사람은 물론 관리하는 사람 또한 커피머신과 그라인더의 구조적 특성을 잘 익혀야만 하는 것이다.

그리고 커피산업의 확대로 인해 커피전문점뿐만 아니라 가정과 사무실에서도 자동 커피머신의 보급이 확대되어 머신에 대한 의존도가 높아지고 있는 상황에서 고장 시 판매처나 엔지니어들의 A/S만을 기대하는 것이 아니라 기본적인 매뉴얼을 숙지하고 머신에 대한 이해를 가지고 접근한다면 커피머신의 효율적인 이용이 가능할 것이다.

비록 커피머신을 이해함에 있어 제조사별로 구조가 조금씩 다르고 하루가 다르게 새로운 기술의 최첨단 제품들이 속속 출시되고 있다는 점을 감안하더라도 기본적인 원리에 충실히 임했기 때문에 이 책이 커피머신의 원리 및 유지관리에 대해 보다 나은 지식을 쌓아 가는데 보탬이 되기를 기대한다.

이 책은 총 4편으로, 1편 커피머신에서는 커피머신의 발견과 발전을 시작으로 커피머신의 분류, 커피머신의 설치와 커피 추출 때의 물에 대한 설명, 커피 머신들의 내·외부의 명칭과 부품들에 대한 설명, 마지막으로 머신 보일러의 형태에 따른 분류와 개요로 구성되어 있다. 그리고 2편에서는 그라인더에 대한 명칭과 분류, 머신과 그라인더를 설정하는 방법을 명시하였고 3편에서는 머신과 그라인더가 고장 났을 시에 처치 방법에 대해 설명하였으며 마지막 4편에서는 그 동안 커피머신 관련 시험문제에 출제되었던 문항을 정리하여 학습 마무리에 도움이 되도록 구성하였다.

이처럼 머신과 그라인더에 대해 폭넓게 소개하고 있으며 전문적인 내용을 최대한 알기 쉽도록 설명함으로서 평소 기계에 대한 거부감을 가지고 있는 사람들에게도 도움이 될 수 있도록 노력하였다.

끝으로 이 책이 커피머신에 관심이 많은 분들에게 실제적인 도움이 되길 진심으로 바라며, 출간될 수 있도록 힘써주신 도서출판 한수의 임직원 분들께도 심심한 감사를 표한다.

저자 일동

Coffee Machine Operator

제2편   그라인더

제3편   고장 및 확인

제4편   기출문제

제1편

커피머신

Chapter 1
커피 추출과 머신의 이해

1. 커피 추출 방식

1) 터키식 커피

14세기부터 지중해에서 아시아에 이르기까지 600년간 지배했던 오스만투르크 제국에 의해 커피가 동·서양으로 널리 확산되었고 오늘날 후계국인 터키에서 그 당시 마시던 커피를 터키식 커피로 부르게 되었다.

터키식 커피는 생두를 볶아 약처럼 곱게 빻아서 우려 낸 커피로서 이브릭(체즈베)이라는 손잡이가 긴 주전자에 커피 분말과 물, 설탕 또는 꿀을 넣고 함께 끓였다. 그리고 끓는 커피에서 거품이 일면 가루가 가라앉기를 기다렸다가 위쪽의 커피만 작은 잔에 따라내서 마셨다.

이러한 터키식 커피는 매우 진하고 쓰며 에스프레소의 기원이 될 만큼 오늘날 커피 문화에 크게 영향을 준 커피이며, 오일 성분이 많이 추출되고 향 또한 강하다.

2) 드립 커피

커피를 추출하는 방식은 크게 침지법(또는 침출법)과 여과법(또는 투과법)으로 분류된다. 침지란 '적시고 담근다'는 뜻으로 커피 가루를 보통의 물 혹은 뜨거운 물에 우려내는 방식이다.

여과법은 말 그대로 커피 가루 위로 보통의 물 혹은 뜨거운 물을 부어 여과시키는 방법을 말한다.

이 중에서 오랜 역사를 가진 것은 침지법으로 18세기까지만 해도 침지법의 한 종류(달임법)인 터키식 커피가 유일한 커피 추출방식이었다. 그러다가 19세기 중반에 이르는 150여년 사이에 여러 가지 새로운 기구들이 발명되었고, 이를 통해 자연스럽게 다양한 추출법의 개발이 본격화 될 수 있었다.

침지법(침출법)	여과법(투과법)
터키식(이브릭)	더치 커피
보일링	커피 언
피콜레이터	융 드립
커피 비긴	페이퍼 드립
사이폰	
프렌치 프레스	

【추출 방식에 의한 분류】

추출기구 및 연대	발명가 또는 국가
보일링, 1710년 전후	프랑스
피콜레이터, 1806년(원형)	람 포드, 영국
피콜레이터, 1819년(완성)	로레인, 프랑스
커피 비긴, 1817년	비긴, 영국
사이폰, 1840년(원형)	로버트 내피어, 스코틀랜드
사이폰, 1842년(완성)	바슈 부인, 프랑스
드립 포트, 1763년(원형)	동 마틴, 프랑스
드립 포트, 1800년 초(개량)	벨로이, 프랑스

【추출 기구의 발명】

커피 추출법이나 추출 기구는 사실상 터키식 커피 추출법의 단점을 보완하기 위한 필요성에서 비롯되었다 해도 과언이 아니다. 즉 커피를 마시고 난 후 혀에 남아있는 커피 찌꺼기의 불쾌감을 없애기 위해 보다 다양한 추출법과 추출 기구 개발에 관심을 기울이기 시작했던 것이다.

1908년 독일 드레스덴의 멜리타 벤츠 여사는 양철 포트의 바닥에 구멍을 내고 그 위에 장남의 공책에서 압지를 한 장 뜯어 올리는 획기적인 아이디어를 생각해 냈다.

양철통에 구멍을 내고 지금의 깔때기 모양이 아닌 원통 양철통에 원형 거름종이를 넣는 방식이었다. 하지만 원통 모양으로는 물 빠짐이 너무 느려 과다 추출된 커피가 나오게 되었고 1937년에 지금의 깔때기 모양으로 드립퍼와 필터의 모양이 바뀌었으며 추출구의 숫자도 지금의 한 개가 아닌 1~10개까지 실험을 거듭하여, 1960년에 세계 최초로 지금과 같은 형태의 플라스틱 드립퍼가 생산되었다.

이 당시 일본에서도 칼리타 사의 드립퍼가 판매되기 시작해 지금과 같은 페이퍼 드립이 시작된 시기로 볼 수 있으며 그 이후 본막, 하리오 등의 일본 회사에서도 드립퍼를 생산하여 사용하고 있다.

3) 버큠 포트(사이폰)

증기의 압력, 물의 삼투압 현상을 이용해 추출하는 진공방식 추출법으로, 1840년 로버트 나피어(Robert Napier)에 의해 발명되었다.

이 방식은 커피의 맛이 깨끗하고 추출되는 과정이 신기했지만, 시간이 걸리고 번거롭기 때문에 국내에서는 널리 보급되지 못했다.

그러다가 커피 애호가들에 의해 가끔 이러한 방식으로 추출되었고, 그러던 것이 일본을 거치면서 사이폰(Syphon)이라는 상표 이름으로 정착되었다.

버큠 포트는 상하 두 부분으로 나뉜 구조이며, 그 사이 윗부분에 고정된 필터가 있고, 물을 아래 부분에 담아 알코올램프로 천천히 가열하면 물이 끓기 시작하면서 증기압과 삼투압 현상에 의해 커피가루가 있는 위쪽으로 올라가게 된다. 그 이후 불을 끄게 되면 커피 물이 필터를 거쳐 아래로 내려오게 되는 원리이다.

이 방식은 기압을 이용하여 커피의 추출 속도를 높인 방식으로서 기존 드립 방법에 비해 추출력이 강할 뿐 아니라 시각적 효과도 있어 획기적이고 선풍적인 인기를 끌었다.

【다양한 버큠 포트】

2. 커피머신의 발명

에스프레소 커피머신은 이탈리아의 안젤로 모리온도(Angelo Moriondo)라는 기술자에 의해 개발되었는데, 그는 1884년 토리노 전시회에서 "경제적이며 신속하게 커피를 추출하는 새로운 머신"이라는 이름으로 이 커피머신을 선보인 후 같은 해 특허 출원을 하게 되었다.

모리온도의 머신은 분쇄된 커피가루에 물을 데워 발생하는 스팀, 즉 증기압을 이용해 물을 밀어내어 에스프레소 원액을 추출하는 방식이었다.

사실 최초의 커피머신 개발자에 대한 논란은 지금도 계속되고 있지만, 그가 최초의 개발자 중 한 명이라는 점에서는 논란의 여지가 없다.

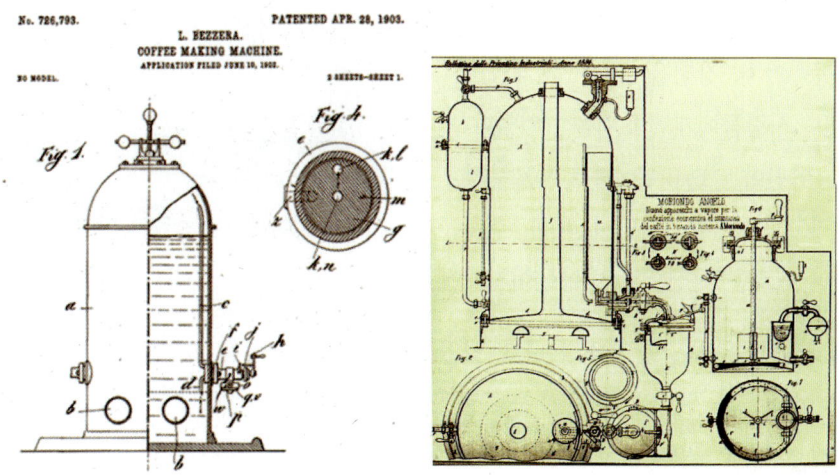

오늘날 커피숍에서 사용되는 커피머신의 시초라고 할 수 있는 이 머신은 커피 추출 시간을 단축시키는 것뿐만 아니라 양질의 커피를 추출할 수 있게 해 주었다. 그러나 이 초기의 혁신적인 머신은 커피 추출시간은 빠르게 하였지만 고온의 스팀압력으로 추출하기 때문에 온도가 높아서 쓴맛과 탄맛 등이 강한 단점이 있었다.

이를 루이지 베제라(Luigi Bezzera)라는 개발자가 개량하여 1901년경에 특허 등록에 성공하였고, 이로부터 커피머신의 역사가 시작되었다.

베제라가 커피머신을 개량하던 시기에는 커피 추출시간이 길어 직원들의 휴식시간 역시 길어질 수밖에 없었다. 이에 베제라는 직원들의 휴식시간을 단축하기 위해 평소 생각했던 아이디어를 활용한 결과 수 분이 걸리던 추출과정을 불과 20~30초대로 줄이는 획기적인 성과를 냈다.

이와 더불어 베제라 커피머신의 보다 더 큰 성과는 커피의 맛에 있었다. 그동안 장시간 추출하여 음용했던 커피와는 달리 가압 추출로 인해 단시간 안에 커피 성분을 효과적으로 추출할 수 있게 됨으로서 좋은 맛과 향을 지닌 커피를 즐길 수 있게 되었던 것이다.

증기압을 이용하여 뜨거운 물을 커피에 통과시켜 짧은 시간에 추출하는 기본적인 에스프레소의 추출 방식으로 인해 효율적인 커피추출 방법과 함께 맛좋은 커피를 얻을 수 있다는 두 가지 장점을 지닌 베제라의 머신은 많은 사람들에게 호평을 얻었다. Espresso의 어원이 Express(빠르다)로부터 유래된 것이라고도 하니 그 당시 빠른 추출 시간이 커피의 새로운 혁신으로 받아들여지기에 부족함이 없었다.

하지만 베제라의 머신도 단점을 지니고 있었으니 그것은 대기압보다 높은 고압의 보일러에서 끓는점 이상으로 가열된 물은 추출과정에서 커피 맛을 쓰게 만든다는 것이었다. 또한 많은 사람들의 호평에도 불구하고 그의 회사는 경영적 측면으로 상당히 열악했다.

결국 안타깝게도 재정적 위기상태에 직면한 베제라는 6년 후인 1907년경 베제라의 조합원이었던 데지데리오 파보니(Desidero Pavoni)에게 자신의 커피머신 제조 특허권을 양도하게 되고, 이렇게 특허권을 양수한 파보니는 밀라노에서 최초로 커피머신을 양산하기에 이른다. 이로써 파보니는 에스프레소 머신 시장과 이탈리아의 커피바 문화를 주도하게 된다.

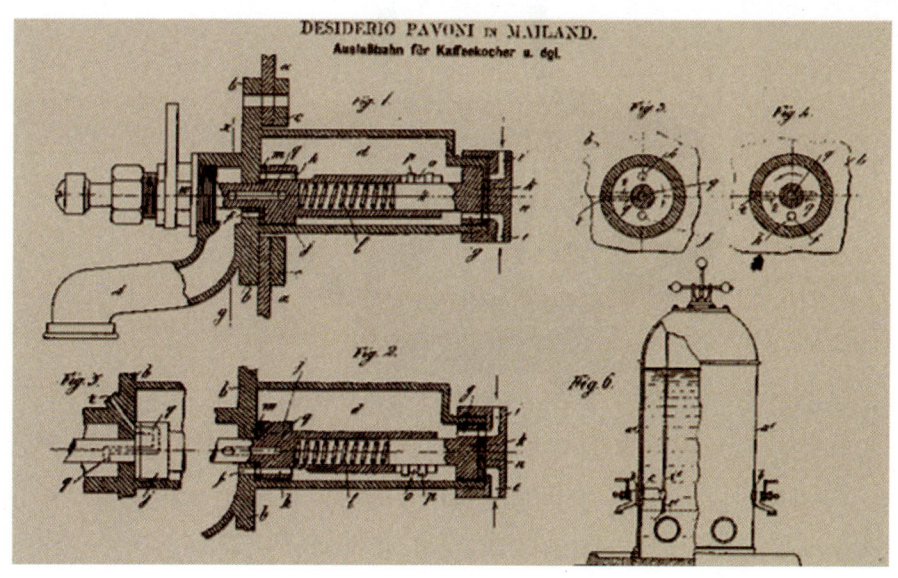

또한 파보니는 온도와 추출압력을 다양하게 변화시켜 실험을 한 결과, 물의 온도와 압력이 커피추출에 있어 가장 중요하다는 것을 알게 되었고, 온도는 88~96℃, 압력은 8~10bar에서 추출하는 것이 커피 맛을 가장 좋게 한다는 결론을 얻게 되었다.

구리로 만들어진 파보니의 커피머신은 즉석에서 150잔의 에스프레소를 만들 수 있을 만큼 빠르고 훌륭했지만 역시 온도가 높은 물이 커피의 표면에 닿는 즉시 커피 성분이 쓴맛과 탄맛을 만든다는 문제가 있었다. 이런 원인을 찾아내어, 이 쓴맛을 없애기 위해 1938년경에 크리모네시(Cremonesi)는 고온의 스팀압을 사용하지 않고도 빠르게 추출할 수 있는 피스톤 펌프를 개발하게 되었고 쓴맛과 탄맛을 없애는 데 성공하였다.

이 펌프방식의 커피머신은 처음으로 아킬레 가찌아(Achille Gaggia)의 카페에서 사용되었는데 지금의 커피머신도 당시의 것과 기본적으로 원리가 같아서, 많은 커피머신 제조회사들이 이러한 방식으로 커피머신을 제조하고 있다.

이렇듯 커피머신이 발명되기 전까지만 하더라도 터키식으로 분쇄된 커피가루를 뜨거운 물에 우려내거나 더치커피와 같이 차가운 물로 오랜 시간 동안 중력에 의해 추출하던 것이 전부였다.

MACCHINA TIPO ESPORTAZIONE "2 GRUPPI"

 즉 커피머신의 발명은 커피를 더욱 빠르고 손쉽게 먹을 수 있도록 했을 뿐만 아니라 커피의 대중화를 가속시키는 결정적인 요인이 되었고 이러한 변화에 발맞춰 각지에서 에스프레소 바가 더욱 많이 들어서게 되었다.

Presidente Leone e Sig. Gaggia

Sirocci Bar Londra

3. 커피머신의 발전

1946년, 가찌아가 피스톤 레버 방식의 커피머신을 만들어 세상에 선을 보임으로서 커피머신은 한 번 더 획기적인 변화를 맞게 된다.

가찌아 커피머신은 레버에 피스톤을 연결시킨 형태로서 레버를 끌어올리면 피스톤이 함께 올라가게 되고, 그 아래 공간에 유입되는 뜨거운 물을 순간적으로 눌러 강한 압력으로 커피를 추출하는 원리였다.

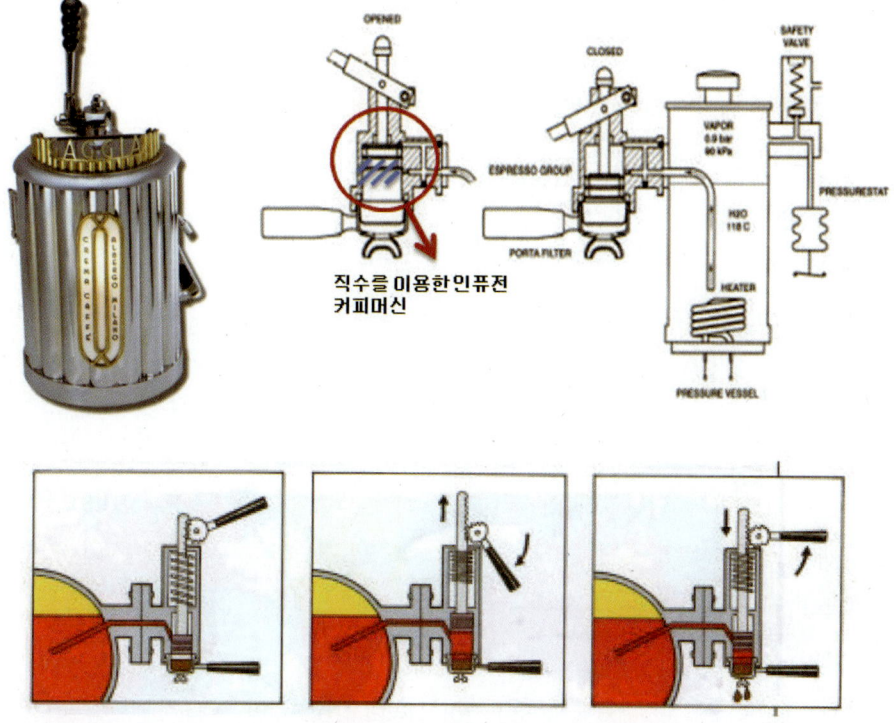

직수를 이용한 인퓨전 커피머신

이 머신은 레버와 피스톤을 이용해 적은 힘과 적정한 온도로도 9bar 정도의 고압을 가할 수 있다는 장점을 지니고 있었을 뿐만 아니라 힘 조절이나 온도 조절이 가능해 미세한 맛의 조정도 가능하게 되었다.

또한 에스프레소 추출과정에서 보다 높은 압력을 가하게 되었고, 현재까지도 추출 압력의 기준으로 자리 잡고 있는 9bar가 압력의 기준점이 된 계기를 만들었다. 이렇게 펌프 방식의 커피머신이 피스톤을 이용한 추출방식으로 진화하면서 현재 커피머신의 기초가 되었던 것이다.

이후 커피머신에 대한 연구는 지속적으로 진행되어 1958년 훼마(Faema)와 달라 코르테(Dalla Corte)의 2인이 수압을 이용한 머신을 만들기에 이르렀다.

오늘날과 같은 보일러 시스템(일체형)과 전동 펌프를 장착한 커피머신이 탄생했던 것이다. 이는 기존 기계의 형태를 수평형으로 바꾸는 계기가 되었고 커피 추출과 스팀 사용 또한 편리해졌으며 현대식 커피머신의 근간이 되어 오늘날까지도 유지되고 있다.

Tip 크레마(Crema)의 발견 / 머신 & 에스프레소 ●●○

피스톤 방식의 머신 도입으로 높은 압력을 가해 추출된 커피에서 크레마(Crema)라는 거품이 만들어졌다. 이는 커피머신의 상징이 되었고 피스톤 방식의 커피머신은 오늘날에도 사용되고 있다.

■ 머신 & 에스프레소

압력은 실제적으로 에스프레소를 에스프레소답게 만드는 가장 중요한 요소이다. 즉 추출의 시작과 동시에 가열된 물이 재빨리 커피를 투과할 수 있도록 해 주는 것이다.

보일러 내부에서 압력은 물의 온도를 높이기도 하고 추출과정에서 커피 속의 오일 성분과 가용성 성분들이 원활하게 추출될 수 있도록 해 주는데 일반적인 커피 추출 방법들이 대략 3~5분 정도 소요되는 데 비해 에스프레소는 25~30초면 대부분 추출이 완료되는 것이다.

레버 머신은 추출과정에서 보일러의 물이 실린더로 이동하며, 실린더에 갇힌 물은 피스톤 레버의 스프링 장력을 통해 높은 압력으로 커피 층을 통과하게 된다.

예전에 이러한 커피머신을 사용하던 바리스타들에겐 스프링 장력을 이겨내고 레버를 당기기 위한 강한 팔 힘이 요구되기도 했으며 많은 바리스타들이 레버 손잡이를 순간적으로 놓치게 되어 앞니가 깨진 경우도 많았다고 한다.

현재에도 서양에서는 에스프레소를 추출하는 것을 '샷을 당기다(Pulling Shot)'라고 표현하는데, 이는 레버머신의 추출방식에서 유래한 것이다.

에스프레소 추출에 있어 이 레버 머신이 차지하는 의미는 상당히 크다. 앞에서 언급한대로 레버 머신의 추출에 필요한 물은 내부의 실린더에서 피스톤의 압력을 받게 되는데 실제로 실린더의 크기가 작았던 이유로 인하여 에스프레소 커피의 양도 또한 적어질 수밖에 없었다.

가압 방식의 레버 머신의 발명으로 얻어진 가장 큰 것은 크레마이다. 크레마는 커피 크림층이라 할 수 있는데 화학적으로 에멀전(Emulsion)화 된 오일과 휘발성 복합물의 복잡한 폼이라 정의되며 커피의 품질에 큰 영향을 미친다. 즉, 크레마가 없는 에스프레소는 제대로 추출된 에스프레소라고 말할 수 없는 것이다.

에스프레소 추출의 효율성과 퀄리티를 위해서 머신들도 꾸준한 발전을 계속해 왔다. 시간의 흐름에 따라 다양한 디자인이 시대상을 반영하기도 하고, 새로운 기술들이 끊임없이 적용되기도 했다.

그 가운데 1960년대 획기적인 커피머신의 형태를 선보이게 되는데 기존 수동형의 매뉴얼 레버를 버리고 보다 향상된 전기적 기술을 도입, 모터 펌프를 통해 추출 압력을 만드는 새로운 기술이 시장에 공개되었다.

지금의 시각에서도 레트로 디자인을 갖춘 매력적인 자동차를 연상시킬 정도였으니 그 자체만으로도 관심을 끌기에 충분했다. 개기일식이 있던 1961년을 기념해 이름 붙여진 훼마의 "e-61" 모델은 에스프레소 추출에 대한 획기적 기능과 디자인으로 지금도 원형이 모방되어 다시 만들어진 버전이 활발히 판매가 되고 있을 정도로 사랑받는 훌륭한 모델이기도 했다.

1970년대 들어 라마르조꼬에서는 기존의 보일러 방식과 다른 새로운 디자인을 선보였는데 GS 시리즈라 불리는 이 모델들은 별개의 두개 보일러를 통해 각각 커피 추출과 밀크 스티밍을 담당하게 했고 이러한 독자적 시스템은 추출 온도의 안정성을 높이는 데 많은 이점이 있었다.

이후 많은 회사들이 커피머신을 만드는 데 노력하였고 1986년 스위스 유라가 최초로 전자동 커피머신을 개발했는데 그라인더가 내장되어 있어 별도의 수작업 없이 커피를 추출할 수 있었으며 점차 자동 세척 시스템, 터치스크린 등의 최첨단 시스템을 장착하였다.

커피머신 발전에 대한 요약 연대표

17세기

터키식 커피
(Turkish Coffee)

수작업으로 분쇄한 커피를 끓여 가라앉힌 다음에 마시는 전통적인 추출방법이다. 오일 성분이 많이 추출되고 향도 강하다.

18세기

드립커피
(Drip Coffee)

터키식 커피의 단점을 보안하기 위해 독일 여성 '멜리타'가 여과지를 발명했다. 그 후 1936년 필터 거름 통에 종이 필터를 넣고 커피를 우려내는 필터 커피 도구가 개발되었다.

1840년

버큠 포트
(Vacuum Pot)

기압으로 커피의 추출 속도를 빨리하는 방식이다. 기존 드립에 비해 추출력이 강할 뿐 아니라 시각적 효과도 있어 획기적이고 선풍적인 인기를 끌었다. 에스프레소 커피머신 발명의 기원된 방식이다.

1901년

베제라 커피머신
(Luigi Bezzera)

이탈리아 밀라노의 베제라(Luigi bezzera)가 최초로 증기압을 이용한 커피머신을 발명했다. 증기압을 이용해 뜨거운 물을 강제로 밀어내 커피가루 사이를 빠르게 통과하는 방식이다.

1905년

데지데리오 파보니
(Desiderio Pavoni)

밀폐된 보일러를 가열해 증기압이 1.5기압 까지 충분히 높아진 시점에 배출구를 열어줌 으로써 순간적으로 뜨거운 물을 밀어내는 방식의 커피머신이다.

1947년

가찌아 커피머신
(Gaggia)

가찌아 커피머신은 레버에 피스톤을 연결시 킨 형태로 레버를 끌어올리면 피스톤이 함께 올라간다. 그 아래 공간에 유입되는 뜨거운 물을 순간적으로 눌러 강한 압력으로 커피를 뽑는 원리이다. 적절한 온도유지와 9기압의 추출 수압을 가할 수 있는 장점이 있다. 커피 머신의 기초가 된 기계이다.

1958년

훼마 커피머신
(Faema)

훼마의 달라 코르테 외 2인이 수압을 이용 하는 머신을 만들어냈다. 이에 오늘날과 같은 보일러 시스템(일체형)과 전동 펌프를 장착한 커피머신이 탄생했다. 기존의 기계를 수평형으로 바꾸는 계기가 되었으며 커피 추출과 스팀 사용이 편리해졌다.

1986년

유라
(Jura)

스위스 유라가 최초로 전자동 커피머신을 개 발했다. 그라인더가 내장되어 있어 별도의 수작업 없이 커피를 추출할 수 있다. 이 후 자동 세척 시스템, 터치스크린 등의 최첨단 시스템을 장착하였다.

Chapter 2
커피머신의 분류

커피머신은 크게 수동식, 반자동식, 자동식 세 가지로 분류한다. 각각의 머신은 추구하는 목적과 추출 결과물의 차이가 있지만 여기서는 상황과 목적에 맞는 머신을 이해하고 선택하는데 도움이 되고자 한다.

1. 수동식 커피머신 (Manual Espresso Machine)

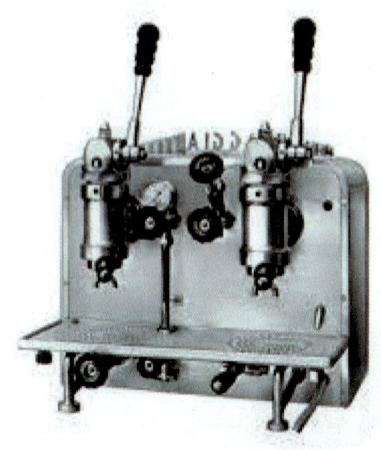 

사람의 힘으로 피스톤을 작동하여 추출하는 방식이다.

지렛대 원리를 응용한 피스톤식 기계이며 주로 커피머신 개발 초기에 많이 사용되었다. 커피바리스타가 레버를 아래로 당기면 피스톤 내부의 스프링이 압축되고 이때 브루 챔버에 물이 공급되는데, 당기는 힘을 조절하면 추출 압력에 변화를 줄 수 있고 우려내는(Infusion) 시간을 조절할 수 있다는 장점이 있다.

그리고 다시 레버를 놓으면 스프링이 피스톤을 누르면서 강한 압력으로 커피가 추출되며, 이때 고압에서 서서히 압이 줄어든다.

이러한 수동식(레버) 머신은 일정한 압력으로 추출이 불가능하기 때문에 커피 맛의 편차가 크다는 단점이 있지만 일반적으로 원두 그라인더 입도를 반자동의 경우보다 가늘게 하고 물 온도 또한 끓는점에 가깝기 때문에 좀 더 농밀한 에스프레소를 추구하는 경우에 적합하다 하겠다.

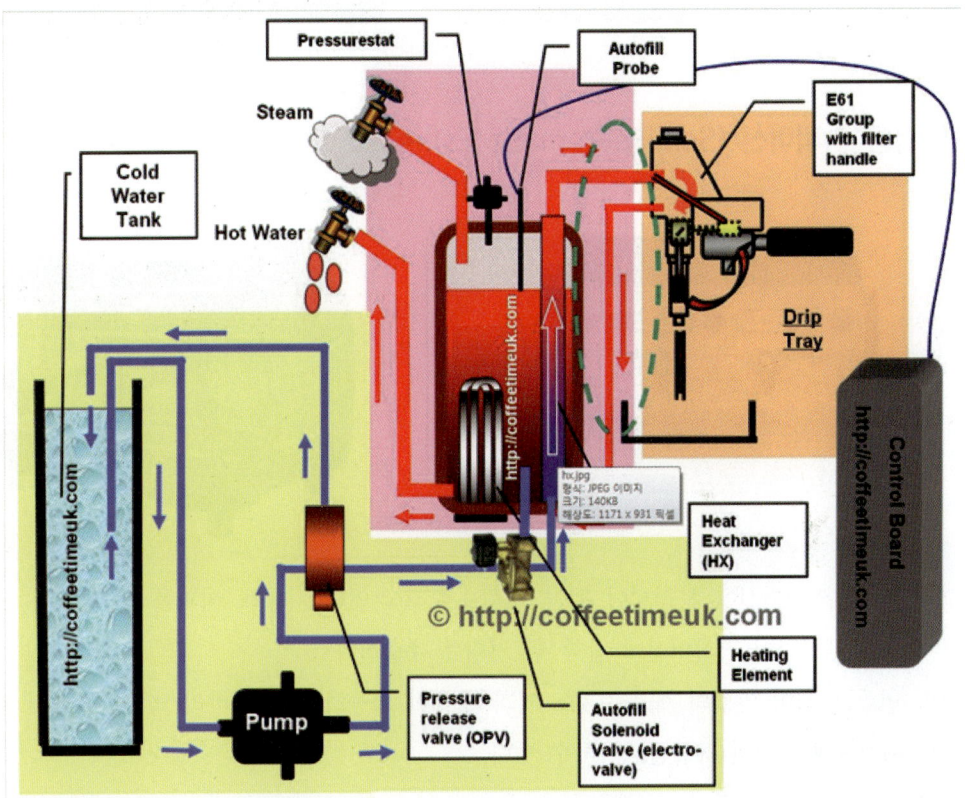

2. 반자동 커피머신 (Semi-automatic Espresso Machine)

그라인더와 커피머신이 분리되어 있는 방식으로 그라인더를 통해 커피를 분쇄한 후 포타필터에 담아 탬핑하여 커피머신에 장착 후 커피를 추출한다.

맛의 변화가 적어 양질의 에스프레소 커피 추출이 가능하며, 커피바리스타의 능력에 따라 다양한 에스프레소 커피 메뉴를 만들 수 있다.

속도와 편의성, 안정적인 추출이 장점으로 현재 매장에서 가장 일반적으로 사용되고 있고 각 제조회사마다 다양한 방식의 보일러 구조와 추출 메커니즘을 가지고 있다.

3. 전자동 커피머신 (Full-automatic Espresso Machine)

　전자동 커피머신이란 내부에 그라인더가 장착되어 있어 버튼 한번으로 분쇄와 추출이 한 번에 이루어지는 머신을 말한다. 전자동 머신은 크기와 종류가 매우 다양하며, 자동 프로그램 되어 있어 누가 작동해도 일정한 맛의 커피를 추출할 수 있다.

　전문적인 교육이 필요 없고 추출이 일관적이며 추출 속도가 빠르다는 것이 장점이다.

　초기에는 에스프레소 중심으로 간단한 기능을 갖춘 제품들이 출시되었으나, 현재는 다양한 메뉴 추출 기능이 추가되어 카페라떼, 카푸치노 등 밀크 기능을 겸비하여 자동으로 추출해주는 제품도 속속 출시되고 있으며 대형 프랜차이즈를 위주로 점차 확대되고 있는 추세이다.

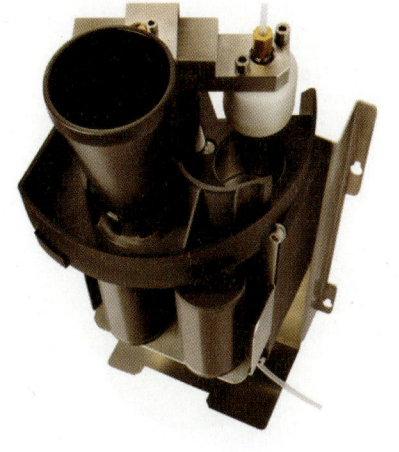

　위 이미지는 브루잉 유닛으로, 전자동 머신에서 브루잉 유닛이란 커피가 분쇄된 후 투입되는 곳이고 커피 추출 시 압력이 가해지는 곳이다. 머신의 종류에 따라 원두가 분쇄되어 투입되는 양이 다르며, 재질도 달라진다.

　전자동 커피머신은 브루잉 유닛의 상태에 따라 금액도 많이 달라지는데 플라스틱 재질인지, 스테인리스 재질인지 확인해야 하며, 별도의 압력 조정이 가능한지 여부도 알아야 한다.

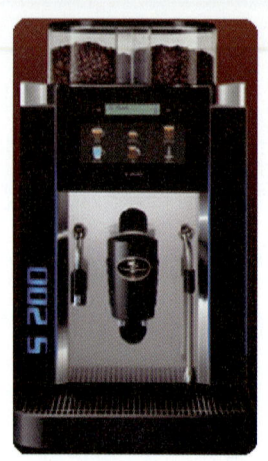

만약 브루잉 유닛에 고장이 발생하면 교체하는 것이 일반적인데 플라스틱 재질인 경우에는 저렴하지만, 스테인리스 재질은 가격대가 비싼 편이다.

전자동 머신에서는 브루잉 유닛에 분쇄된 원두가 담기고 압착(탬핑)되는데 기계적인 이유로 반자동 머신보다 굵은 입도를 사용하기 때문에 반자동 머신 만큼의 추출결과를 기대하기는 어렵다.

1) 커피 & 스팀 보일러

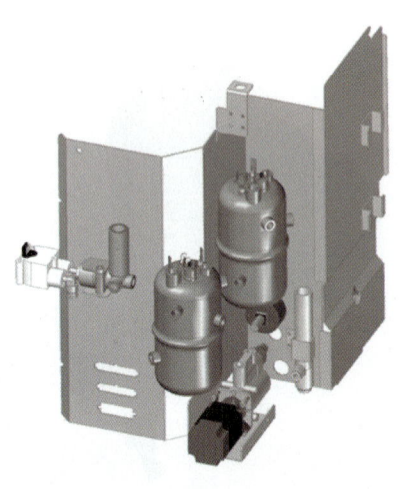

전자동 커피머신의 경우 보일러가 없는 저렴한 제품부터 보일러가 1개인 제품, 2개가 장착된 제품 등이 있는데 장착된 보일러 용량에 따라 커피 추출 용량이 결정되며, 추출 압력과 스팀 압력 또한 결정된다.

가열 방식은 직접 가열 방식으로 내부에 히터가 장착되어 있고 과열 방지장치, 과압력 방지장치 등 비록 적은 용량이지만 필요 부품은 모두 장착되어 있다.

2) 전자동 머신 그라인더

전자동 커피머신은 각각의 브랜드, 그리고 브랜드별 가격에 따라 분쇄 날이 다르다. 고가의 장비는 강철 재질로서 스위스 디팅 그라인더를 사용하는 제품이 있는가 하면 플라스틱 칼날이나 중국제품 등 저렴한 것이 사용되는 경우도 있다.

대부분의 제품들은 모터와 분쇄 날이 같이 구동하게 되며, 입자 조절도 가능한데 숫자가 표시되어 있어 단계별로 조절하는 제품과 반자동 그라인더와 마찬가지로 미세입자 조정이 가능한 제품까지 다양하다.

그라인더 분쇄 날은 소모성이므로 일정 시간이 지나면 교체해야 하지만, 제품에 따라서는 분쇄 날만 따로 분리하여 교체할 수 없고 그라인더를 통째로 교체해야 하는 경우도 있다.

3) 전자동 머신 급수펌프

DC 24볼트로 펌프 압력 조정이 가능하며 전자동 커피머신에 따라 물통형, 급수형 방식으로 나누어진다. 또한 급수형 방식도 일반 수압으로 추출하는 제품과 급수 펌프 방식 제품으로 나눌 수 있다.

물통형 방식은 물이 소진되면 물통에 물을 채우는 수동 방식이며, 급수형 방식은 수도에서 직수라인으로 연결하여

자동으로 물이 채워지는 방식이다. 건물 자체 수압으로 수돗물이 급수됨으로 중간에 정수필터를 설치해 주어야 한다.

급수 펌프 방식은 급수 방식과 동일하나 머신 내부에 급수 펌프가 내장되어 있어 커피 추출 시 압력을 조절할 수 있으며, 수압이 낮은 건물에서도 커피 추출이 용이하다.

4) 전자동 머신의 유압 흐름도

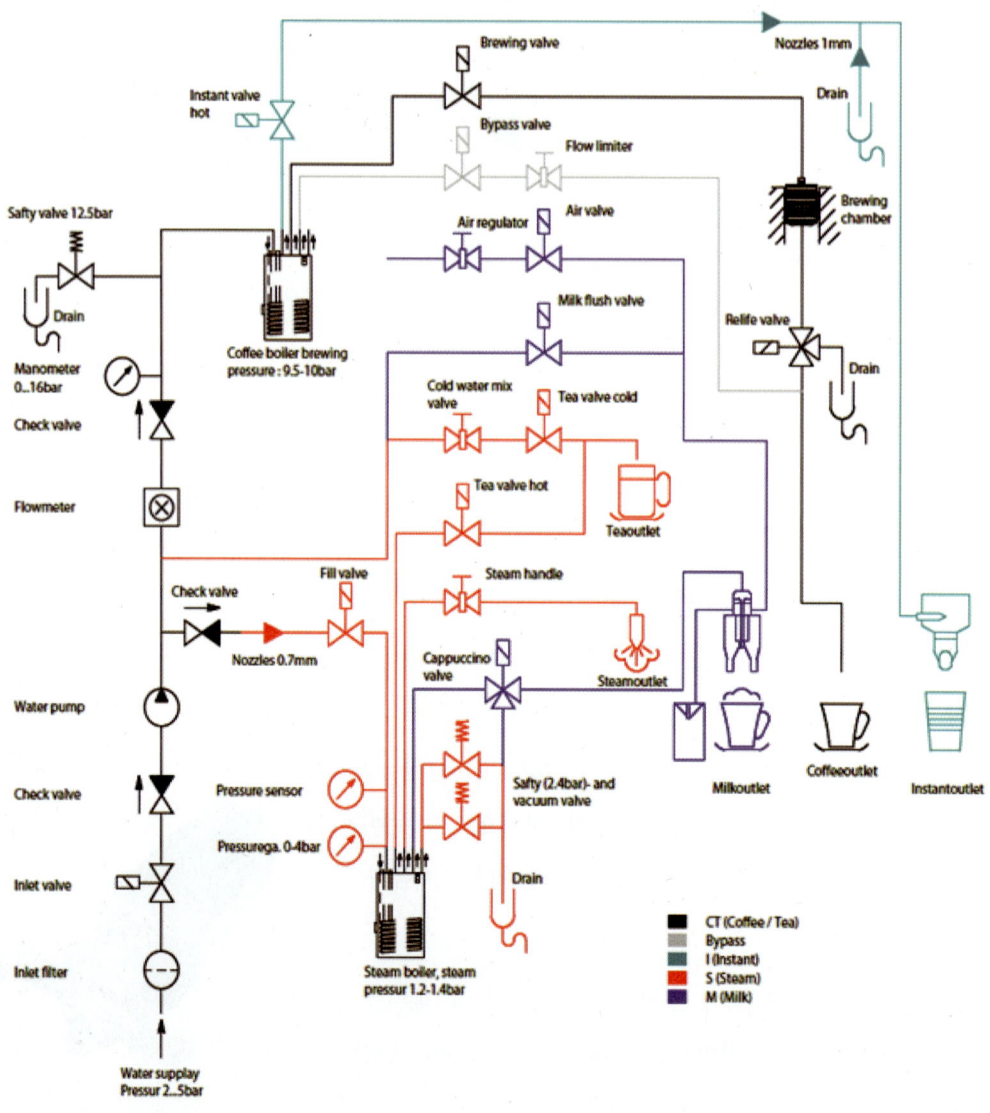

Chapter 3
커피머신의 설치조건

커피머신을 안정적으로 설치하기 위해서는 전기의 올바른 공급과 수도의 급수, 오수의 배수가 원활하도록 해야 하며 가장 기본적인 사항에 대해 숙지한 후 설치에 들어가야 한다.

1. 전기적인 조건

일반적으로 커피머신의 전기는 220V 단상으로 사용한다.(N+380V, 3상도 가능하다)

커피머신의 사용 전력은 다른 가전제품에 비하여 상대적으로 높아 안전사고 및 원활한 전력 수급을 위해 전기 용량 체크와 단독 차단기를 준비하여야 한다.

【배전판】 　　　　　　 【20A/30A 차단기】 　　　　　　 【직렬 전기선】

1) 전류

전선 속의 전자의 이동, 즉 전자의 흐름을 전류라고 한다. 전류는 전선의 한 점을 1초간에 통과하는 전하의 양으로 나타내며 단위는 암페어(Ampere, 기호 A)를 사용한다.

단위의 종류	기호의 표시법
1암페어 = 1000밀리암페어 1밀리암페어 = 1000마이크로 암페어	암페어 (A) 밀리암페어 (mA) 마이크로 암페어 (μA)

2) 전압

물이 높은 곳에서 낮은 곳으로 흐르는 것처럼 전하 역시 전위가 높은 곳에서 낮은 곳으로 이동하는데 이때의 전위 차이를 전압이라 한다.

전압의 크기를 나타내는 단위는 V(볼트)인데 1V는 1C(쿨롱)의 전하가 두 점 사이에서 이동하였을 때 하는 일이 1J인 경우의 전위차이다.

단위의 종류	기호의 표시법
1킬로볼트 = 1000볼트 1볼트 = 1000밀리볼트	킬로볼트 (KV) 볼트 (V) 밀리볼트 (mV)

3) 전력

전력의 단위는 흔히 와트(W) 또는 킬로와트(kW)를 사용하며, 1W는 1A(암페어)의 전류가 1V(볼트)의 전압이 걸린 곳을 흐를 때 소비되는 전력의 크기다.

일반적으로 Power의 첫 글자인 P로 표시하며, 전력(P)과 전압(V), 전류(I)의 관계는 P = V·I를 만족한다. 이는 옴의 법칙(V = I·R)에 따라 $P = I^2 \cdot R$ 또는 $P = V^2/R$ 로 변형할 수 있다.

전압(V) × 전류(A) = 전력(W)

단위의 종류	기호의 표시법
10킬로와트 = 10000와트 1킬로와트 = 1000와트	킬로와트 (kW) 와트 (W) 밀리와트 (mW)

4) 저항

전류가 흐르는 전선에도 전기의 흐름을 방해하는 성질이 있는데 이를 전기 저항이라한다.

저항은 일반적으로 R 또는 r (resistance)로 나타내며 단위는 옴(ohm) 기호는 (Ω)로 사용한다.

단위의 종류	기호의 표시법
1메가옴 = 1000000Ω 1킬로옴 = 1000Ω 1옴　　= 1Ω	메가옴 (MΩ) 킬로옴 (KΩ) 옴 (Ω)

저항의 종류는 전선의 전기 저항도 있지만 전구나 모터 등의 부하도 그 나름대로의 저항을 가지고 있다.

저항은 전류의 흐름을 방해하기 때문에 전선의 저항이 크면 부하에 흐르는 전류가 감소하여 충분한 전기를 공급하지 못한다. 따라서 저항은 작을수록 좋다.

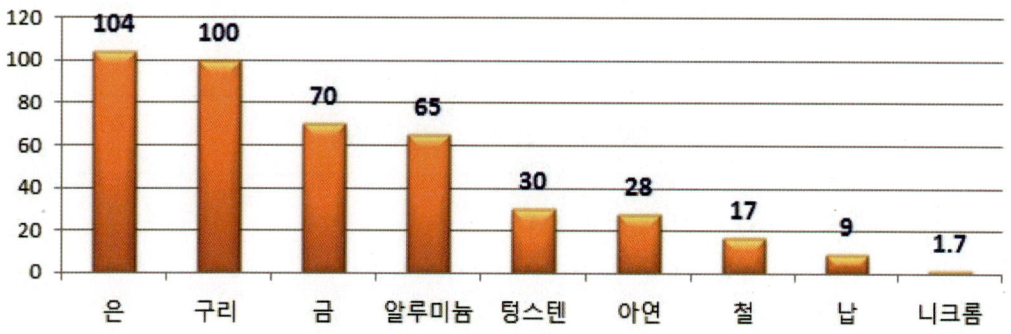

저항이 작다.(전류가 흐르기 쉽다.) ↔ 저항이 크다.(전류가 흐르기 어렵다.)

일반적으로 회로 안에서의 저항은 중요한 작용을 한다. 예를 들어 전기, 전자기기 안에서 전압을 낮추거나 전류를 제어하는 등의 목적으로 사용하고 있는데, 이 저항이 가지고 있는 성질을 바르게 아는 것이 전자나 전기회로를 이해하는 데 매우 중요하다.

5) 전기 계산법

- 전류 I = P / V (암페어 / A) …… 예 10(A) = 2200(W) / 220(V)
- 전력 P = V × I (와트 / W) ……… 예 2200(W) = 220(V) × 10(A)
- 전압 V = P / I (볼트 / V) ………… 예 220(V) = 2200(W) / 10(A)

※ 3상일 경우에는 위 공식에 $\sqrt{3}$ (1.732)을 곱하거나 나눠주면 된다.

2. 전기사양 체크

커피머신의 전기용량은 약 5kW(dir 30A)이기 때문에 일반 콘센트(16A)를 사용할 수 없다. 만약 일반 콘센트로 설치할 경우 플러그가 녹아 화재, 감전, 인체에 손상을 입을 수 있다.

3. 적정 암페어 차단기 설치

전력(W) ÷ 전압(V) = 암페어(A)

예 5000(W) ÷ 220(V) = 22.7272 ⋯ (A)

따라서 3kW = 15A, 5kW = 30A, 7kW = 50A를 사용한다.

전압선(전원선), 중성선(N선, 뉴트럴선), 접지선의 이해 ●●●

① 전압선(전원선, Hot Wire)

중성선과 결합하여 전압을 만들어내는 선으로 활선(살아있는)이다. 일반적으로 이 선을 만지면 전기가 오게 되고 감전된다(현장 상황에 따라 다를 수 있음). R상, S상, T상의 세 종류가 있다.

② 중성선(N선, 뉴트럴선)

접지선의 일종이면서 전압선과 결합하여 전압을 만들어내며 일반적으로 상시 전류가 흐르고 있는 상태이다. 다른 상과 결합하여 전등이나 전열의 부하에 전류를 공급하기도 하는데 보통은 접지선과 같다고 혼동하고 있으나 내선 규정에는 분명히 전압선으로 분류되어 있다.

③ 접지선

전압선이나 중성선과 결합하여 전압을 만들어내는 것이 아니라 전류가 정상적인 선로(전압선, 중성선)를 통하지 않고 다른 곳으로 이탈할 때 그 누설된 전류를 땅속으로 흘려보내 감전에 의한 인명 피해를 막아주는 선이다.

땅속에 박힌 접지봉을 접지선으로 연결해 건물 쪽으로 끌어 온 다음 실제 사용하는 전열기구나 전등의 접지선과 연결하면 된다.

(접지선의 필요성)

- 전기적 피해로부터 시설물을 보호하기 위함이다.
- 전기기기의 원활한 기능을 확보하기 위함이다.
- 전기적인 충격으로부터 인명을 보호하기 위함이다.
- 충격 전류를 대지로 신속히 방류하기 위함이다.

④ 접지의 불량사고

만약 접지 시스템이 불량하여 전위가 상승함으로써 발생되는 장해에는 최악의 경우 감전사고가 있고 기기에 대해서는 손상, 노이즈, 오작동 등이 있다.

어떤 기기가 오래되어 절연 상태가 나빠지면 어느 부위에서 누전이 일어나고 누설전류는 기기접지를 통해 대지로 흘러가게 되는데 이때 접지극과 대지 사이에 전위가 상승한다.

이런 상태에서 사람의 손이 닿으면 사람 몸에 접촉전압과 누설전류가 흘러 감전 사고를 당하게 된다.

4. 국내 전기 조건

우리나라 전기는 발전소에서 시내까지 전기를 보내는 방식이다. 한국전력에서 3상으로 보내주면, 수용가에서 3상 전원이 필요할 경우 3상 변압기를 설치해 사용하고, 단상 전원이 필요하면 단상 변압기를 설치해 사용한다.

1) '상'의 수 개념

전기를 만드는 방식은 전자석이 왕복 운동을 하면 사인파(Sine Wave)의 교류 전원이 발생하는데 이 전자석의 수가 '상'의 수이다.

2) 단상과 3상의 원리

1개의 전자석마다 따로 선을 연결해서 3개의 전선에 3상 전원을 담아서 송전하고 그것을 수용가 측에서 사용할 때 1개의 상이 담긴 1개의 선을 사용하면 단상이고, 1개의 상이 담긴 3개의 선을 사용하면 3상이 된다.

3) 단상과 3상의 차이점

단상이 220V라면 3상을 사용하면 3상 3선식의 경우 440V가 나오지만 3상 4선식이라면 380V가 나오게 되어 220V의 $\sqrt{3}$ 배에 해당하는 전압이 발생하게 된다.

단상은 가정용이나 사무용으로 쓰이며 3상은 산업용이나 공업용으로 많이 사용한다.

4) 단상 전기와 3상 전기의 구분

변압기 철심에 감긴 코일의 권선 수에 따라서 분류되며, 3상을 표현할 때 3가지 선을 각각 R, S, T라고 부른다. (N은 뉴트럴)

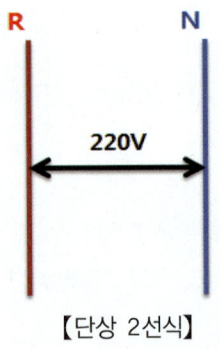

【단상 2선식】

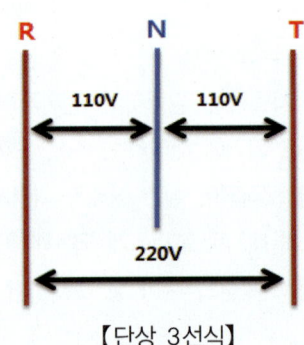

【단상 3선식】

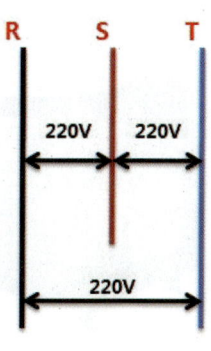

【3상 3선식】

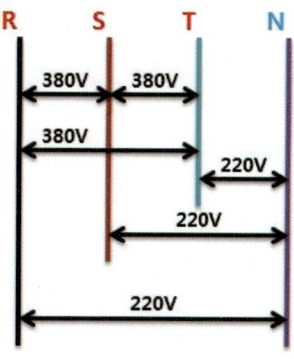

【3상 4선식】

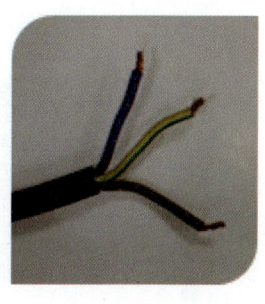

【단상】

【3상】

5. 커피머신의 그룹별 전기용량

1) 1그룹 머신

전기전력 : 1.5~2kw

전압 : 220v

보일러용량 : 4~6L

보일러방식 : 일체형보일러

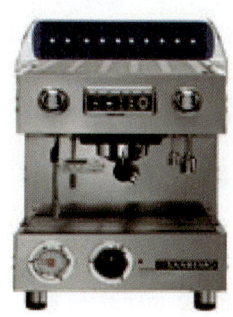

2) 2그룹 머신

전기전력 : 3.5~4.5kw

전압 : 220v/380v

보일러용량 : 10~14L

보일러방식 : 일체형보일러, 독립형보일러

3) 3그룹 머신

전기전력 : 5~8.5kw

전압 : 220v/380v

보일러용량 : 14~19L

보일러방식 : 일체형보일러, 독립형보일러

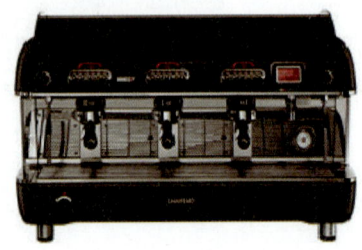

주의 사항

머신의 전기 연결은 적절한 용량의 차단기와 함께 다른 전기장치 없이 단독으로 연결해야 하며, 가급적 플러그 없이 직결로 연결하는 것을 권장한다.

또한 전기와 물을 함께 사용하기 때문에 안전을 위해 반드시 접지를 하도록 한다.

6. 수질의 조건

1) 물

커피 제조 시에 사용되는 물의 기본 조건은 깨끗하고 무색, 무미, 무취의 물이다. SCAA 커핑 프로토콜에서 요구하는 물의 기준은 총 용존 고형물(TDS) 100ppm을 초과하고 250ppm 미만을 요구한다.

이는 일반적으로 접하는(역삼투압 정수나 일부 미네랄 워터를 제외한) 음용수에 해당한다. 수돗물도 사실 여기에 해당되어서 국내의 경우에는 고가의 정수기 시스템이 필요하지 않다고 주장하는 엔지니어의 의견도 존재한다.

하지만 정수기는 미네랄로부터 머신을 보호하고 수돗물의 잔류 염소를 제거하며 커피음료의 최종적인 맛에 많은 영향을 주기 때문에 정수기의 선택은 중요한 문제라 하겠다.

또한 정수기의 사용목적을 만족시키기 위해서는 정수능력을 초과하여 사용하지 않도록 적절한 시기에 필터를 교체하도록 하는 것이 바람직하다.

2) 물의 구분

물속 성분은 미네랄, 칼슘, 마그네슘, 철, 칼륨 등 무수히 많은 고형물들이 있다.

이 성분들의 수치를 확인하는 것이 총 용존 고형물(Total Dissolved Solid, TDS)로 수중에 존재하는 고형물들의 무게를 측정하여 수치로 나타내는데 단위는 mg/L이다.

또한 총 증발 잔유물(Total Solids, TS)은 총 부유 고형물(TSS)과 총 용존 고형물(TDS)을 더한 값인데 이는 총 부유 고형물(Total Suspended Solids, TSS) 시료수를 여과시키지 않고 그냥 증발시켜서 남는 모든 물질을 뜻한다.

총 증발 잔유물(Total Solids, TS) = 총 부유 고형물(TSS) + 총 용존 고형물(TDS)

참 고

시료수를 0.45μm(Pore Size)의 여과지를 사용하여 여과시킬 때, 여과되지 않고 여과지에 남는 부분 중에서 물을 제외한 모든 것이 총 부유 고형물이고, 여과지를 통과하여 빠져나간 부분 중에서 물을 제외한 모든 것이 총 용존 고형물이다.

이론적 TDS는 물속에 녹아 있는 양/음 이온의 총합을 mg/L 으로, 1mg/L of TDS ≒ 2μS/cm of EC(Electric Conductivity, 전기전도도, 저항의 역수)로 표기한다.

종류	설명	비고
광천수	Mineral Water - 고형물질 대량 함유, 끓이지 않은 약수	자연수
해양심층수	수심 200m 이상의 태양광이 닿지 않는 곳의 순수한 바닷물	자연수
이온수	물을 전기분해하여 산성수와 알칼리수로 분리한 물	물리적
증류수	물을 끓일 때 발생하는 수증기를 냉각시킨 정제된 물	물리적
수돗물	일명 아리수 - 상수도원에서 인위적으로 정화된 물	물리, 화학적
경수	경도(Hardness) 121ppm 이상의 물 진하고 쓴맛, 체질개선, 건강증진을 기대해 볼 수 있으나 위장을 상하게 할 수 있다. 음식의 맛 저하, 보일러 스케일, 배관부식의 원인	경도 기준
연수	경도(Hardness) 60ppm 이하의 물 부드럽고 마시기 쉬우며, 수분 보충에 좋음(동양 음식에 적합).	경도 기준

3) 일반적인 물속의 TDS 함량

- 수돗물 : 일반적인 수도 정수 시스템을 이용(50~120ppm)
- 순수 : 역삼투압 정수 물(0~20ppm)
- 생수 : 마트, 슈퍼에서 파는 물(0~400ppm)
- 우유 : 우유에 함유되어 있는 수분(3,500ppm)
- 바닷물 : 2,000ppm

물속에 존재하는 성질 중 미네랄 성분에 의해 물이 경수 또는 연수로 나누어 진다.

미네랄이란 지구상에 존재하는 110가지의 원소 중에 인체의 96.5%를 차지하는 산소(65%), 탄소(18%), 수소(10%), 질소(3.5%)를 제외한 나머지 3.5%(칼슘 1.5%, 인 1%, 기타 1%)의 모든 원소를 말한다.

미네랄 성분이 많을수록 경수, 적을수록 연수라 하는데 미네랄 수치가 50미만이면 연수, 50~100이면 보통연수, 100~150이면 약 연수, 150~250이면 보통경수, 250 이상이면 경수라 한다.

4) 미네랄이 인체에 미치는 영향

미네랄 성분 중 K+는 심장기능 활성화, Na+는 산알카리 평형, 삼투압조정, Ca2+는 골다공증예방, 피로회복, 성장발육, 신진대사 등을 돕는다.

Mg2+은 체내 pH를 유지하고 혈액응고 작용을 하며, Ge는 항암 및 면역력 강화, SO42는 만성 담낭염, 당뇨, 통풍, 흥분완화 효과가 있다.

영양 미네랄은 그 존재량에 따라 하루에 100mg 이상 필요로 하는 다량 미네랄과 하루에 100mg 이하를 필요로 하는 미량 미네랄로 구분한다.

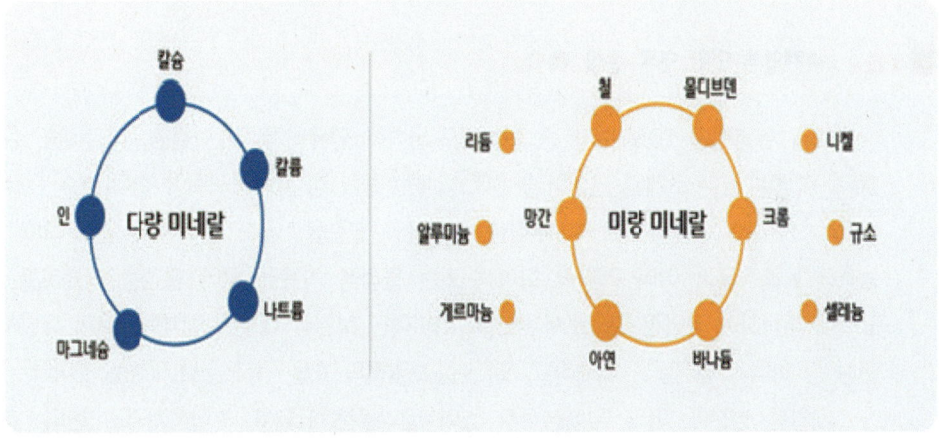

커피 추출 시 가장 좋은 미네랄 성분 함량은 50~70ppm이라 한다. 이것은 연수된 물이 커피 맛을 좋게 한다는 뜻이기도 한데 맛이라는 것은 어떠한 수치로 정의할 수 없는 것이기 때문에 개인적인 차이가 있겠다.

하지만 커피 추출 시 미네랄이 커피에 같이 함유되어 나오면 바디감을 좋게 한다는 것은 이미 많은 사람들이 인정하고 있다.

미네랄 성분은 물에 엄연히 존재하지만 눈에는 보이지 않는데 이를 간단히 확인하는 방법은 온도를 올리는 것이다.

냄비와 같은 용기에 물을 담아 열을 가해 끓여 보면 용기 가장자리에 하얀 이물질이 생기는 것을 확인할 수 있는데 이것이 바로 스케일(석회)이다.

이러한 현상은 물속에 포함되어 있던 미네랄 성분인 칼슘(Ca), 마그네슘(Mg) 등이 양이온과 OH, HCO₃, CO₃ 등의 음이온(알카리니티 성분)을 만나면서 $CaCO_3$, $MgCO_3$ 등의 석회로 용출되기 때문이다.

즉, 물속에 있던 미네랄 성분이 열이 가해지면 화학적인 변화를 일으켜 침출되는 것인데 열에 의해 변화되는 온도는 85℃ 이상이다.

참고로 칼슘과 마그네슘 성분의 석회 색상은 흰색, 회색, 투명한 색이다.

🍺 TIP 스케일로 인한 연료 손실 ●●●

위에서 설명했던 TDS 수치 중 탄산경도(물속에 함유되어 있는 칼슘, 마그네슘 수치)가 50% 이상일 경우 스케일 발생이 높은데 이때는 물의 성질을 바꿔줘야 한다(연수기 사용).

이 스케일은 보일러 표면에 부착한 피막상의 불순물, 금속 산화물이 열에 의해 점차 농축되고 축적되어 여러 가지의 화학적 또는 물리적 작용을 받아 결정을 석출하고, 금속 표면에 부착하여 굳어진 것으로서 이것이 커피머신 보일러 내부에 침체됨으로써 유발시키는 현상 중 하나가 열전달을 저해하고, 열 손실(보일러의 효율 저하)을 초래하는 것이다.

스케일은 성분에 따라 부식성까지 있어 달라붙은 표면을 부식시키기도 한다. 하지만 100℃ 이상 물을 끓이는 커피머신은 세균으로 인한 위생상의 문제로 인체에 해를 발생 시키지는 않는다.

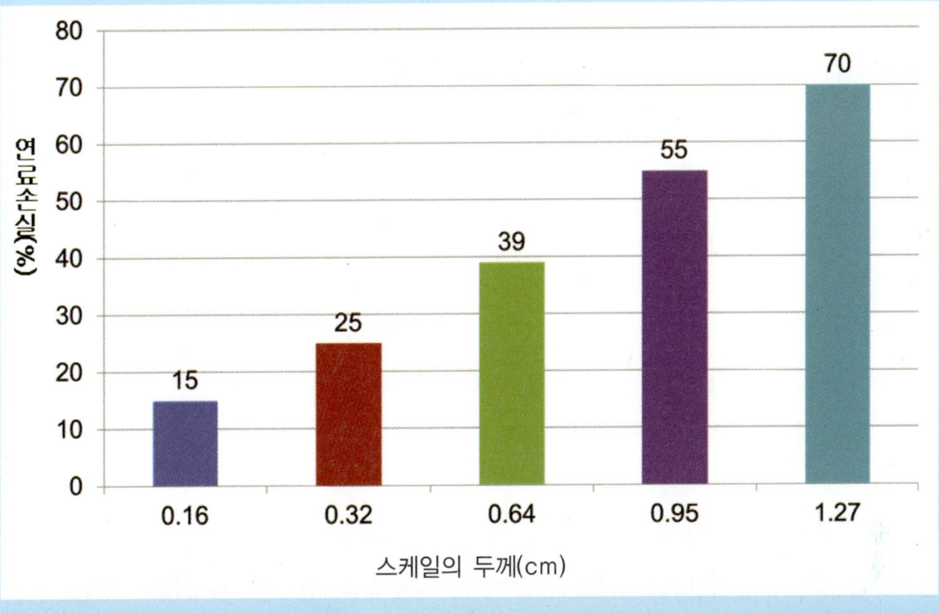

연료손실(%)

80
70
60
50
40
30
20
10
0

70

55

39

25

15

0.16   0.32   0.64   0.95   1.27

스케일의 두께(cm)

Chapter 4

물의 정수

1. 정수기의 정의

정수기란 모두가 익히 알고 있다시피 아래와 같은 물리적·화학적 방법을 통해 물을 걸러내어 불순물을 제거하는 기구(器具)를 말한다.

- 물리적 방법 : 배관 내 이물질 및 녹 찌꺼기를 크기의 차이로 걸러 내는 방법
- 화학적 방법 : 활성탄의 흡착방식을 이용, 수돗물을 만드는 과정에서 생긴 염소성분 (트리할로메탄)과 같은 유기화학 물질과 냄새를 흡착, 제거하여 수돗물 속에 녹아있는 농약이나 세제 성분들을 걸러내는 방법

2. 정수기의 사용 목적

수돗물은 음료를 만들기에는 경수 성분과 염소량이 많이 함유되어 있다.

상수도원에서 공급원까지 배관의 부식으로 인한 녹, 이물질, 염소 소독으로 인한 냄새, 탁도 등 음료를 만들었을 때 좋지 않은 맛과 불순물이 포함될 수 있을 가능성이 있음으로 이를 예방하고, 장비 보호 및 물의 품질 향상을 위해 정수기가 필요하다.

또한 정수되지 않는 물을 보일러에서 끓이면, 불필요한 성분(스케일 등)이 발생하여 장비를 상하게 할 뿐만 아니라, 커피 맛에도 많은 영향을 끼친다.

정수기가 물에 있는 물질을 물리적으로 제거하는 방식으로는 여러 가지가 있지만 일반적으로 가장 많이 사용되는 방식은 중공사막 방식과 역삼투압 방식이다.

1) 중공사막 방식(UF)의 특징

- 얇은 섬유를 통해 이물질이 걸러지는 방식
- 여과된 물을 저장 탱크에 저장한 후 마시는 방식
  (요즘에는 직수로 연결하여, 저장하지 않고 음용함.)
- 미네랄 등 우리 몸에 필요한 영양소가 남아 있음

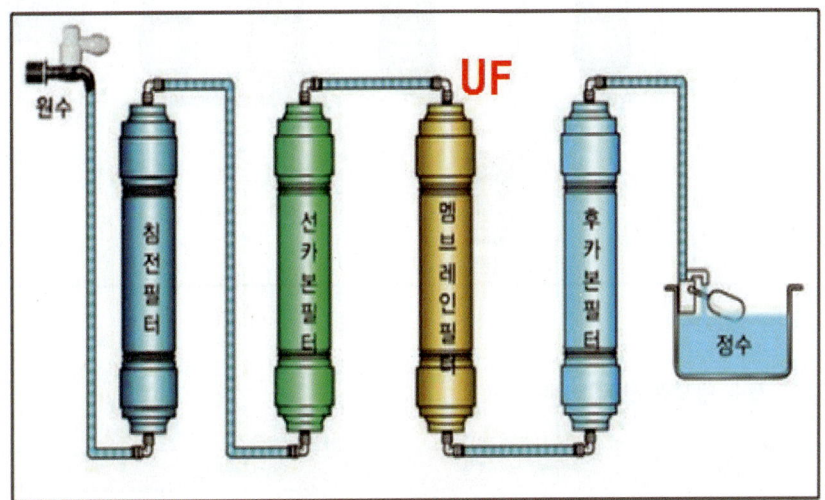

2) 역삼투압 방식(RO)의 특징

- 역삼투압 막을 통해 이물질이 걸러지는 방식(모터 펌프 필요)
- 미세한 막을 통과하기 위해 약 80%의 물을 버려야 함
- 걸러진 물에는 미네랄 등 우리 몸에 필요한 영양소가 없는 순수한 물
- 깨끗한 물의 이미지는 있으나 죽은 물이라고도 표현함
- 증류수에 가까우며 미네랄이 없어서 ph가 낮을 수 있음

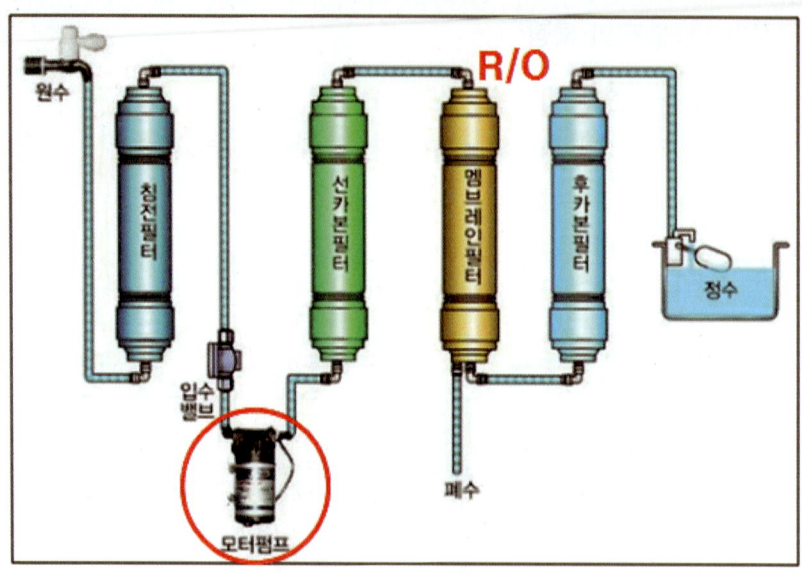

정수 방식과 정수의 원리 ●●●

정수 방식	정수 원리
자연 여과식 (약수)	• 물이 중력에 의해 자연 여과.정화되는 방식
이온교환수지식 (연수)	• 이온 교환 작용을 나타내는 이온 교환수지 필터를 이용하여 물속에 녹아있는 철, 납, 카드뮴, 구리 등의 금속 이온을 분리, 제거시키는 방식(주로 지하수에 사용)
이온수기식	• 물이 전기 분해에 의해 이온화되어 물속의 무기물을 양극(산성수)과 음극(알칼리수)으로 분리하는 방식
증류식 (증류수)	• 전기로 물을 끓일 때 생기는 수증기를 식혀서 정수하는 방식
직결 여과식 (정수)	• 수도꼭지에 정수기를 직접 연결해 수압에 의해 물이 마이크로 필터를 지나가도록 하는 정수 방식

정수 방식	정수 원리
활성탄 여과 방식	• 활성탄의 흡착력을 이용하여 미세한 공극을 물이 통과할 때 냄새, 색도 등을 제거함 • 전처리, 카본형태에 따라 5um~0.2um* 여과 *0.2um의 경우 박테리아 제거 가능

중공사막 (UF) 방식	• 인공 신장 투석기의 원리를 응용 • 실처럼 얇은 섬유(Fiber)를 이용하여 여과하는 방식(0.1~0.01um) • 인체에 유해한 세균 및 이물질은 걸러지고 미네랄 등 영양소만 선택 여과함 • 수질이 좋지 않을 경우 빨리 막히며, 수압에 약하여 섬유가 끊어질 수 있음
역삼투압 (RO) 방식	• 반투막(Reverse Osmosis)을 이용해 철, 망간, 각종 염 등 분자량이 큰 이온들과 바이러스 및 박테리아를 물리적인 방법으로 걸러내어 물속에 이물질이 없는 초순수 상태의 물이 됨(0.01um) • 80%의 물은 버리고 20%의 물만 여과되며, 별도의 압력이 필요함 • 여과된 물에는 영양소(미네랄, 무기질 등)가 없음

3. 각 제조사별 정수기 특징

1) 3M

- 제조원 : 미국(USA) 3M
- 국내 도입 시기 : 1995년
- 제품군 : 가정용, 상업용 등
- 제품 종류 : 전처리, 카본 필터
- 연/정수 필터, Scale Inhibitor
- 제품 타입 : SQC Type
- 제품 인증 : NSF

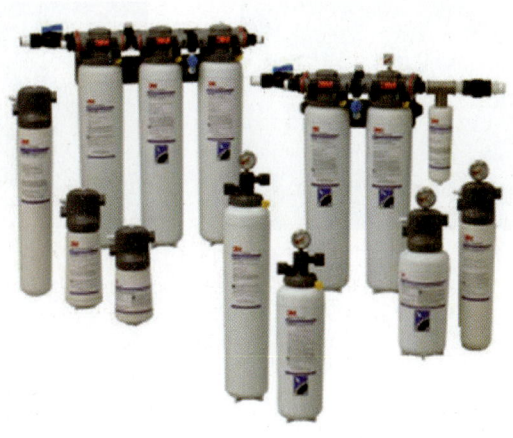

① 3M HEAD의 특징

- Auto Shut Off 기능
- 압력게이지 장착 가능
- In/Out Size 선택 가능
- Bracket 일체형
- Dual Port Head 보유

② 3M FILTER의 특징

- 소용량~대용량, 연수/정수 필터 및 스케일 방지 개별 필터 보유
- Block Carbon 사용 : 염소 제거 효율 탁월
- IMPACT 기술 적용 : 박테리아 제거, 물리적 여과면적 넓음
- Head와 체결 용이 : 필터 연결 부위 나선형 형태
- 스케일 방지 기능 내장

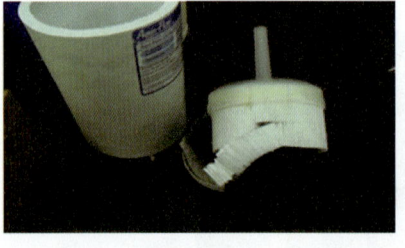 

2) EVERPURE

- 제조원 : 미국(USA) Pentair
- 국내 도입 시기 : 1979년
- 제품군 : 가정용, 상업용 등
- 제품 종류 : 전처리, 카본 필터, 연/정수 필터, Scale Inhibitor
- 제품 타입 : SQC Type
- 제품 인증 : NSF

① EVERPURE HEAD의 특징

- 개폐 장치(밸브) 일체형
- Bracket 일체형
- System Manifold 보유

② EVERPURE FILTER의 특징

- 소용량~대용량 및 개별 연수 필터, 스케일 방지 필터(SR-X) 보유
- 파우더 카본 사용
- Aglin Tech : 항균 작용
- 스케일방지 기능 내장형 필터 보유
- 낮은 압력(0.7kgf)에서 사용 가능

3) BRITA

- 제조원 : 독일
- 국내 도입 시기 : 2006년
- 제품군 : 상업용
- 제품 종류 : 연/정수 필터
- 제품 타입 : SQC Type
- 제품 인증 : NSF

① BRITA HEAD의 특징

- Auto Shut Off 기능
- By-pass Level 조절 가능(0~70%)
- Flush Valve 장착
- Bracket 일체형
- 전자식 측정 및 표시 장치로 남은 용량, 탄산경도 설정 기능

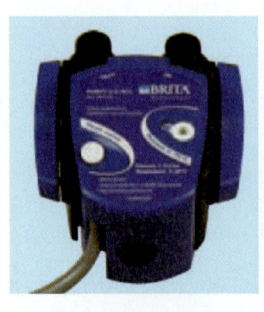 

② BRITA FILTER의 특징

  - 소용량 ~ 대용량 연수, 연수/정수 필터

  - 전처리, 카본, 이온교환수지 일체형

  - 장비별 제품 분류 / 탈탄소화, 부분탈염, 완전탈염 석고 침전 방지

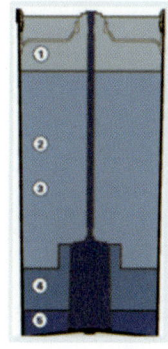

4) CLARIS

  - 제조원 : 스위스 Aquis

  - 국내 도입 시기 : 2012년

  - 제품군 : 상업용

  - 제품 종류 : 연/정수 필터

  - 제품 타입 : SQC Type

  - 제품 인증 : NSF

① CLARIS HEAD의 특징

- Auto Shut Off

- 감압밸브, 린싱밸브, 체크밸브 내장

- Duoblend(By-pass 6단계 조절 가능)

- Bracket 일체형

② CLARIS FILTER이 특징

- 5종 용량 구분, 연수/정수 필터

- 용도와 경도에 따라 적합한 By-pass Level Data 보유

- 이온 교환 시 H+ 이온방출 : 음료의 맛을 방해하지 않음

- 2단계 Mesh Filter 및 5um 블록 카본 구조

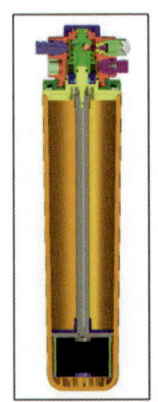

5) LOCAL

- 제조원 : 한국 外

- 국내 도입 시기 : 1980년 이전

- 제품군 : 가정용, 상업용 등
- 제품 종류 : 전처리, 카본 필터
- 제품 타입 : 카트리지, 하우징
- 제품 인증 : 없음

① LOCAL HEAD의 특징

- Head와 Sump 결합형
- 단가가 저렴함
- Sump투명 : 내부 이물질 확인 가능(불투명도 사용)

② LOCAL FILTER의 특징

- "10, 20" 선택 가능
- 형태에 따라 전처리, 카본필터 선택 가능
- 단가가 저렴함

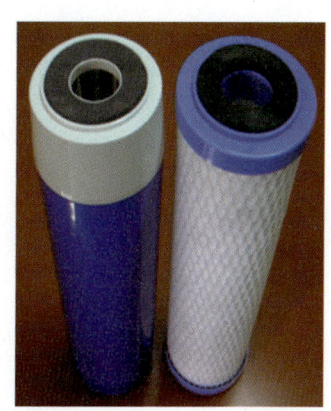

브랜드	여과능 (um)	카본형태	연수	연수 By-pass	용량	인증
3M	0.2~5	블럭	개별 필터 3종	25% 고정 (염소 제거 불가)	10,000~ 200,000L	NSF
Everpure	0.5~5	파우더 & 블럭	개별 필터 2종	가능 (염소 제거 가능)	9,000 ~136,000L	NSF
Brita	25	블럭	개별 및 대용량	0~70% (염소 제거 가능)	확인 안됨	NSF外
Claris	5	블럭	개별 (대용량)	0~60% (염소 제거 가능)	확인 안됨	NSF外
Local	1~25	그래뉼 & 블럭	–	–	3,000~ 100,000L	–

Chapter 5

물의 연수

　연수기는 양이온 교환 수지와 필터로 경수를 걸러내 그 속에 함유된 경도 성분(칼슘·마그네슘)을 제거하여 연수로 만드는 기구이다.

　양이온 교환 수지에는 NaCl(염화나트륨)이 매우 높은 비율로 자리 잡고 있다. 여기에 칼슘이나 마그네슘 등의 양이온이 들어 있는 경수를 통과시키면 이온 교환을 통해 경도 성분은 나트륨과 자리를 바꾸어 수지에 흡착하고, 물에서는 나트륨이 빠져나와 연수가 된다.

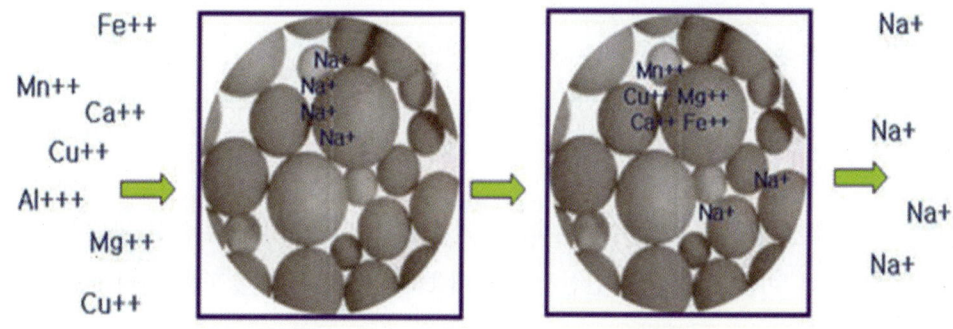

　교환 수지는 어느 정도 사용하면 염화나트륨(NaCl)의 농도가 낮아져서 더 이상 양이온을 제거하지 못하게 된다. 이때는 순수한 소금(NaCl)을 사용하여 재생해 주어야 한다.

　순수한 소금으로 된 재생제를 물에 녹여 교환 수지를 씻으면 수지에 결합해 있던 칼슘이나 마그네슘이 이온 교환을 통해 떨어져 나가고, 나트륨(Na+) 이온이 다시 채워져 양이온을 제거하는 기능을 한다.

Chapter 6

커피와 물

커피는 에스프레소, 룽고, 리스트레또 등 농도에 따라 구분하긴 하지만 많은 사람들이 알고 있듯이 우리가 마시는 커피는 대부분(98% 이상) 물이다.

실제로 물의 특성에 따라 동일한 원두를 사용하여 추출된 커피가 각기 다른 맛을 내는 것을 경험해 보았을 것이다.

맛이라는 것은 사람에 따라 다를 수 있지만, 마실 수 있는 물이라 가정했을 때 커피 맛에 영향을 주는 중요한 요인은 물의 경도 및 물의 ph라 생각된다.

먼저 경도는 물에 녹아 있는 금속 이온의 양을 바탕으로 기준치와 비교해 센물, 단물 등으로 불린다. 경도가 높다고 해서 인체에 나쁜 영향을 주는 것은 아니지만, 물맛과 커피 맛에는 영향을 주게 된다.

물의 경도에 영향을 주는 이온은 여러 가지가 있지만 일반적으로 칼슘과 마그네슘의 함량이 높고 이런 이온의 함량을 탄산칼슘에 대응하는 함량으로 경도를 나타내고, 경도는 일시 경도와 영구 경도로 구분된다.

일시 경도는 일시 경수의 경도를 말하며 칼슘, 마그네슘, 철 이온이 중탄산염으로서 용해되어 있는 상태로 이것을 끓이면 중탄산염이 탄산염으로 된다. 탄산염은 물에 녹지 않기 때문에 침전하며, 물은 연수가 되는데 이때 제거되는 경도를 일시 경도라 한다.

한편 황산이온과 염산이온이 공존하는 경우에는 끓여도 칼슘, 마그네슘, 철 등이 탄산염으로 침전되지 않는데 이때의 경도를 영구 경도라 한다.

일시 경도가 높은 물은 가열할 때 침전물이 발생하게 되고, 영구 경도는 물을 끓이더라도 제거되지 않는 경우를 나타낸다.

경도가 높은 물에서 발생하는 침전물은 커피머신, 보일러 등 물을 데우는 기계에서 종종 열전달 효율을 떨어뜨리는 문제를 발생시킨다.

하지만 개인적으로 판단해 볼 때 경도가 낮은 물로 만든 커피 맛을 대부분의 사람들이 선호하는 것 같지는 않다.

그렇다면 위에서 설명하는 침전이 어떻게 일어나는지 간단히 살펴보자.

침전은 주로 탄산염 광물에 의해 발생된다. 그리고 또 한 가지 중요한 요인으로 알칼리도가 있는데 이것은 보통 물속의 중탄산염의 농도를 나타낸다.

이 중탄산염과 경도를 나타내는 칼슘, 마그네슘 이온이 결합하여 침전을 일으키는데 이 반응 자체가 흡열 반응이므로, 커피 추출과정 중에 온도가 증가하면 침전 반응을 촉진시킨다.

이 반응을 간략히 설명하자면,

① 탄산칼슘 : 45℃ 이상의 온도에서 중탄산염은 탄산염 이온을 만들고 이것은 칼슘이온과 결합하여 탄산칼슘 침전물이 된다.

② 수산화마그네슘 : 80℃ 이상의 온도에서는 탄산염 이온과 물의 반응으로 수산화 이온이 만들어질 수 있고 이것이 마그네슘과 결합하여 수산화마그네슘 침전물이 된다.

앞서 말한 것처럼 지나치게 높은 경도의 물은, 커피머신에 나쁜 영향을 주기 때문에 연수기를 사용하는데, 일반적인 연수기는 나트륨 이온을 칼슘과 마그네슘 이온으로 교환시키는 원리이다.

하지만 탄산염 이온이 많이 포함된 물에서는 나트륨의 농도가 높아질 경우 수산화나트륨이 생성되기 때문에, 물맛이 더욱 나빠지는 경우도 있다.

몇몇 정수기 회사의 제품은 커피에 적합한 물을 공급하기 위해, 역삼투압 방식으로 불순물을 모두 제거한 뒤, 약품을 첨가해 적정 경도와 pH를 맞추는 방식을 사용한다.

그래서 이러한 정수 시스템을 거쳐 나온 물은 경도가 높으면서도 스케일이 형성되는 것을 막는다고 하는데, 개인적으로 탄산염 이온 농도를 낮춰 일시 경도를 높이는 방법이 아닐까 추측해 볼 수 있다.

Chapter 7

급수와 배수 작업

커피머신의 급수와 배수 작업 시 수도에 연결하는 부속들은 녹이 발생하지 않는 동이나 스테인리스 등을 사용해야 한다.

또한 급수 라인은 물의 차단을 용이하게 할 수 있도록 밸브로 마감해야 하며 배수관은 동절기 동파 방지 및 원활한 배수를 위해 최대한 가까이 설치하는 것이 바람직하다.

그리고 배수관이 거리가 멀거나 라인에 굴곡이 생기면 커피 찌꺼기 등의 잔류물이 배수관에 쌓여 관이 막힐 수 있기 때문에 커피 찌꺼기가 바로 버려질 수 있도록 곧게 최대한 가까이 설치해야 한다.

1. 급수 작업

① 앞서 언급한대로 급수 라인 작업 시 물의 차단을 용이하게 하도록 밸브로 마감한다. (중간 밸브가 있으면 머신의 정비, 점검 시에 모든 급수를 잠그지 않을 수 있다.)
② 급수 라인에 공기가 고일만큼 수압이 약하거나 라인이 지나치게 멀지 않도록 한다. (펌프에 발생하는 소음과 머신에 무리를 주는 원인이 된다.)

2. 배수 작업

① 배수 호스는 충분한 경사를 주어 배수관에 연결해야 하며, 배수 시설이 마땅치 않은 경우에는 배수통을 사용한다.
② 사용할 배수관은 3m 이내로 작업해 준다.

59

 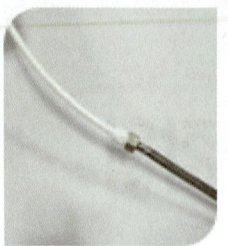  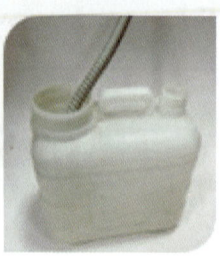

【밸브 마감】　　　　【급수 연결】　　　　【배수 연결】　　　　【배수통】

Chapter 8
커피머신 설치 후 확인사항

1. 설치된 커피머신이 작동되는지 테스트한다.

- 전기 설비가 정상적인지, 급수와 정수 밸브가 잠겨있지는 않은지 확인한다.
- 급수 호스와 기계 연결 부위에서 물의 누수 여부를 확인한다.
- 커피머신의 전원을 '1'로 돌려 급수가 잘 이루어지는지 확인한다.

> **주의 사항**
>
> 수위 게이지가 '절반 ~ max' 사이에 위치해야 하며 보일러에 물이 충분히 들어있지 않은
> 상태에서 전원 스위치를 '2'로 돌리면 보일러 히터가 손상된다.

- 전원을 '2'로 돌린 후 커피머신이 히팅되는지 여부를 확인한다.
- 보일러 압력(0.7~1bar) 및 커피머신이 정상적으로 작동하는지 확인한다.
- 스팀 및 온수가 정상적으로 추출되는지 확인한다.

2. 그룹헤드에 수평자를 대어 수평을 잡아준다.

3. 배수 받침대(드립 트레이)의 물이 잘 빠지는지 확인한다.

4. 급수 호스 및 배수 호스 선을 깔끔하게 정리한다.

Chapter 9
커피머신 외부 각 부분의 명칭과 개요

1. 외부 명칭

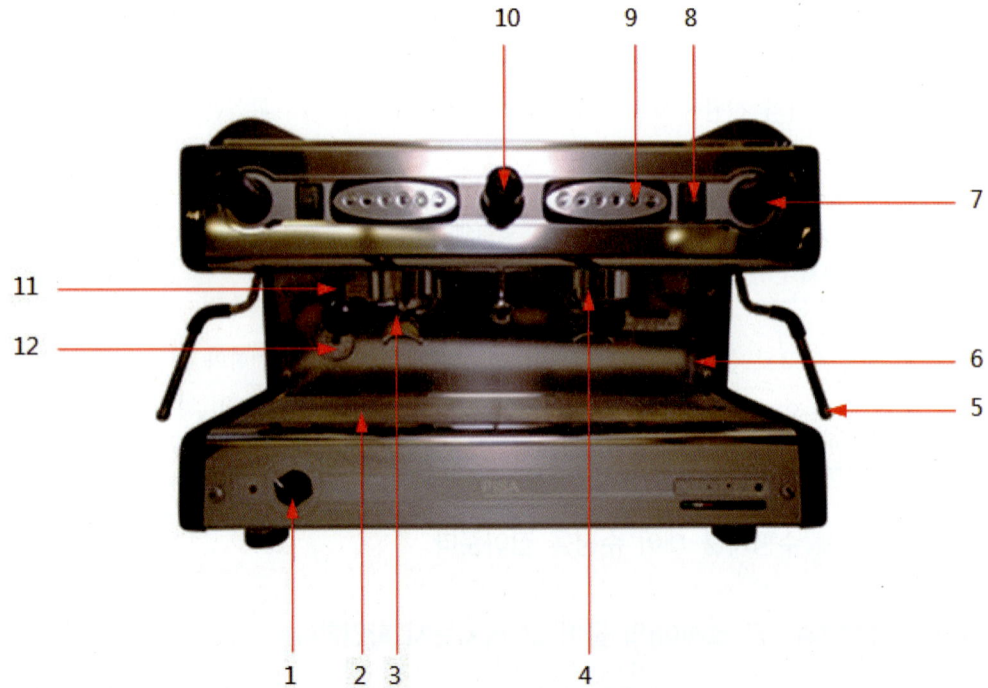

1. 전원 스위치
2. 배수 받침대 (드립 트레이)
3. 포타필터
4. 그룹헤드
5. 스팀 분사구
6. 수위 게이지 (수면계, 보일러 수위 게이지)
7. 스팀 밸브
8. 수동 추출 버튼
9. 커피 추출 버튼
10. 온수 밸브
11. 수동 급수 버튼(보일러)
12. 보일러 압력 게이지, 펌프 압력 게이지

2. 외부 각 부분 명칭

① 전원 스위치

　전원 스위치는 0, 1, 2 세 가지 단계로 구분되어 있다. '0'은 머신을 완전히 끄는 '전원 off' 단계, '1'은 전열기를 제외한 모든 장치가 작동하는 단계로 보일러에 급수할 때와 머신을 점검할 때 사용한다. 그리고 마지막으로 '2'는 전열기를 포함한 머신의 모든 기능이 작동하는 단계로서 평상시에 사용한다.

② 배수 받침대 (드립 트레이)

　온수, 스팀에서 배출되는 물 혹은 그룹에서 배출되는 물과 커피 찌꺼기를 받아서 배수구로 배출하는 역할을 한다. 그릴과 트레이로 구성되어 있고 각각 분리하여 청소할 수 있다.

③ 포타필터

　분쇄된 원두를 필터 바스켓에 담아서 그룹헤드와 결합하여 커피 찌꺼기(퍽)는 남겨두고 에스프레소 음료만 배출하게 하는 기구로서, 통상 필터 바스켓, 스프링, 필터홀더, 손잡이, 스파웃 등을 모두 포함한 총칭이다.

④ 그룹헤드

에스프레소 추출수가 배출되는 곳이며 포타필터와 결합하여 에스프레소를 추출하는 역할을 한다. 통상 온도 유지를 위해 동 재질로 두껍게 만들고 크롬으로 도금되어 있으며 구조는 개스킷, 샤워홀더 등으로 이루어진다.

⑤ 스팀 분사구 (스팀완드, 스팀노즐)

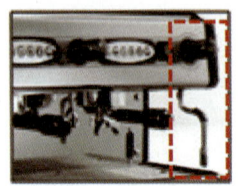

증기를 이용하여 물을 가열하거나 우유를 스티밍하는 장치이다. 우유를 스티밍하는 경우 노즐 안쪽에 우유가 남아서 굳는 경우가 있으므로 스팀 밸브를 열어 스팀의 압력을 이용, 우유 잔량을 제거해 주어야 한다. 노즐과 스팀 팁으로 구성되어 있다.

스팀 팁 (Steam Tip) ●●●

- 스팀완드 끝에 부착되어 있으며 스팀을 직접 분사하는 역할을 한다.
- Tip의 구멍 개수는 1~6개까지 있다.

⑥ 수위 게이지 (수면계, 보일러 수위 게이지)

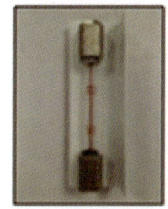

보일러 내부의 물이 얼마나 채워져 있는지 확인할 수 있는 게이지이다. 제품에 따라 수위 표시기가 있는 경우도 있고 없는 경우도 있는데, 없는 경우는 대개 전자적으로 수위를 감지하고 물이 부족한 경우 에러 표시를 해 준다.

⑦ 스팀 밸브

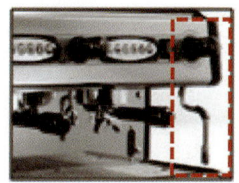

스팀 노즐로 증기를 배출시키는 밸브이다.

⑧ 수동 추출 버튼

커피머신 제어장치의 통제 없이 수동 조작에 의해 추출할 수 있는 비상 버튼이다.

⑨ 커피 추출 버튼

평상시 에스프레소를 추출할 때 사용하는 버튼으로 원하는 추출수의 양을 설정할 수 있다.

⑩ 온수 밸브

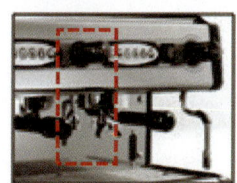

온수를 사용할 수 있는 밸브이다.

⑪ 수동 급수 버튼 (보일러)

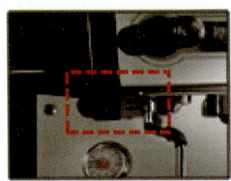

펌프의 힘을 빌리지 않고 보일러에 물을 채울 수 있는 버튼으로서 통상 비상시에 사용한다.

⑫ 보일러 압력 게이지, 펌프 압력 게이지

보일러 내부의 증기 압력과 펌프의 압력을 수치로 확인하는 게이지이다. 일반적으로 바늘이 적색 범위에 들어가면 압력이 너무 높다는 의미임으로 전문가에게 점검을 받아야 하며, 매일 혹은 머신 작동 시에 게이지를 확인하는 습관을 들이는 것이 바람직하다.

Chapter 10
커피머신의 내부와
각 부품들의 이해

커피머신 내부의 각 부품들은 서로 유기적으로 동작한다. 다만 이해를 돕기 위해 내부 구성에 대한 설명과 함께 물의 흐름, 온도·증기 압력, 안전장치의 3부분으로 크게 분류하여 설명했다.

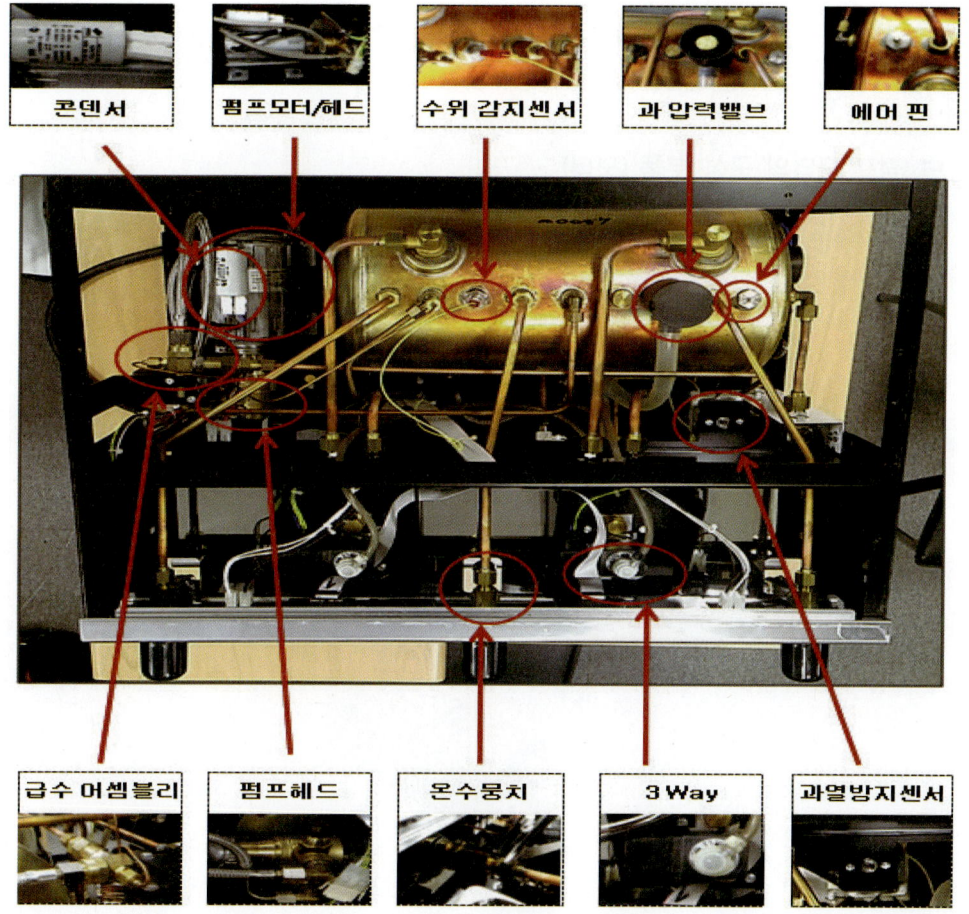

콘덴서 　 펌프모터/헤드 　 수위 감지센서 　 과 압력밸브 　 에어 핀

급수 어셈블리 　 펌프헤드 　 온수뭉치 　 3 Way 　 과열방지센서

1. 물의 흐름과 관련된 부품

① 워터펌프

워터펌프 중 펌프모터는 급수라인과 바로 연결되며, 보일러 내부에 물을 공급하고 에스프레소 추출 시 설정된 압력의 물을 그룹으로 일정하게 밀어내는 역할을 하는 장치이다.

일반적으로는 커피머신의 내부에 장착되어 있지만 일부 고가 커피머신의 경우 외장형도 있다.

①-1 펌프 모터의 구성 부품 (모터)

전기의 힘을 이용, 고속으로 구동됨으로서 펌프헤드를 회전시키는 역할을 한다.

①-2 펌프 모터의 구성 부품 (기동 콘덴서)

모터가 펌프헤드를 구동시키기 위해서는 한 번에 큰 힘을 필요로 하는데 모터에 전기를 통과시키는 것만으로는 충분하지 않다.

때문에 기동 콘덴서라는 부품에 전기를 모아둔 다음, 모터 구동 시에 모아둔 전기를 배출하여 줌으로서 한 번에 큰 힘으로 구동할 수 있도록 도와주는 역할을 한다.

이 기동 콘덴서가 고장 나면 '웅~'하는 소리만 나고 펌프 모터가 작동하지 않는다.

①-3 펌프 모터의 구성 부품 (펌프헤드)

【펌프헤드 전면】

【펌프헤드 후면】

커피머신에서 실질적으로 펌핑 역할을 하며 추출수의 압력을 조절하고 유지하는 부분이다.

즉 모터가 구동하면 내부의 모터가 회전하면서 외부에서 들어온 낮은 압력의 물을 설정된 높은 압력으로 밀어내는 역할을 한다.

커피머신의 펌프는 기본적으로 자흡 가압이다. 즉, 수도의 단수 등 비상시에 압력이 없이 고여 있는 물도 빨아들여 설정된 압력으로 밀어낸다는 뜻이다.

■ 관리

자흡 가압이라고는 하지만 급수 라인이 지나치게 멀거나 펌프가 빨아들이려고 하는 양보다 적은 물이 공급될 경우에 펌프 작동 시 굉음 소리가 발생하며 펌프에 무리가 간다.

같은 이유로 고인 물(물통의 물)을 사용할 경우 통이 비어서 물이 없는 상대로 작동되지 않도록 주의해야 한다.

만약 고인물을 사용해야 하는 불가피한 경우에는 보조펌프를 사용하여 워터펌프의 부담을 덜어줄 것을 권장한다.

■ 펌프 압력의 설정

펌프의 압력은 펌프헤드의 압력조절 나사를 조절함으로서 설정할 수 있다. 조절 나사에 끼어있는 와셔를 풀고 조절 나사를 원하는 압력으로 설정한 후에 다시 와셔를 조여줌으로써 설정이 변경되는 것을 방지한다.

조절 나사를 시계방향으로 돌리면(조이면) 펌프압력이 높아지고, 조절 나사를 반시계 방향으로 돌리면(풀면) 펌프압력이 낮아진다.

일반적으로 8~10bar 사이(보통 9bar)로 설정하는데, 설정 후 펌프의 압력이 지속적으로 유지되는지 펌프 압력게이지를 통해 확인하도록 한다.

왜냐하면 펌프의 압력은 공급되는 수도의 압력이 변하는 등 여러 가지 원인으로 변할 수 있기 때문이다. 펌프압력이 변하면 추출의 속도가 변하고 이로 인해 에스프레소 결과물이 바뀌어 버린다.

따라서 이를 맞춰줘야 하는데 커피머신의 외부 하우징 한쪽 면만 뜯어내면 펌프가 보이는 것이 대부분 이어서 압력의 설정 또한 어렵지 않다.

압력만을 설정한다면 대부분의 경우 엔지니어의 전문 능력까지 요구되지는 않음으로 펌프 압력 조절은 커피바리스타가 습득하여 알아둔다면 머신관리와 추출에 큰 도움이 될 것이다.

② 펌프 압력 게이지

추출수의 펌프 압력을 확인할 수 있는 게이지이다. 사진 상에서는 아랫부분의 '0~12' 사이의 수치를 표시하는 검은색 바늘 게이지를 말한다.

권장하는 펌프의 압력은 8~10bar이고, 10~12bar 이상은 경고 영역인 붉은색이다. 그리고 12bar 이상은 커피머신의 작동에 무리가 되므로 지양해야 한다.

펌프 압력게이지는 추출 버튼을 눌러 펌프가 작동되는 동안의 수치가 실제 수치이다. 그러므로 펌프가 작동하지 않을 때의 수치는 의미 있는 수치가 아님에 유의해야 한다.

③ 체크 밸브 (역류 방지 밸브)

물이 한쪽 방향으로만 흐르도록 함으로서 펌프로 인입되는 차가운 물과 보일러의 뜨거운 물이 혼합되지 않도록 하는 부품이다.

이 부품에 불량이나 고장이 발생하면 물이 양 방향으로 움직일 수 있게 되고, 물이 역류할 때 펌프에 무리를 주게 된다.

또한 뜨거운 물과 차가운 물을 차단하지 못해서 에스프레소 추출수의 온도가 유지되기 어렵게 된다.

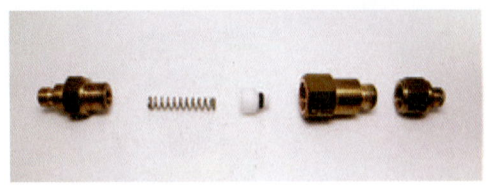

【역류방지 밸브 분해】

펌프에서 물을 밀어내지 않을 때에는 스프링이 추를 밀고 있어서 물의 흐름을 막고, 펌프에서 물을 밀어낼 때에는 물의 압력으로 추와 스프링을 밀어줌으로써 물이 한쪽 방향으로만 흐르게 된다.

④ 솔레노이드 밸브 (전자 밸브)

스프링의 힘으로 밀려있는 상태의 유동추(철심)를 전자석의 힘으로 잡아당겨 물의 흐름을 이동, 차단시키거나 방향을 바꾸는 장치로 2way, 3way가 있으며 각각 역할이 다르다

④-1 2way 솔레노이드 밸브

평상시에는 스프링의 힘으로 잠겨 있다가 전자석이 작동하면 유동추(철심)를 끌어당겨 물이 지나가는 길을 열어준다.

단순히 물의 이동 경로를 전자 장치를 활용해 열고 닫는 역할만을 하며 펌프에서 보일러 사이, 보일러에서 온수 배출구 사이에 있다.(온수 배출구의 경우에는 버튼을 이용해서 온수를 사용하는 경우에 해당한다)

④-2 3way 솔레노이드 밸브

추출수 보일러에서 그룹헤드 사이에 위치하면서 에스프레소 추출과 압력을 해제하는 역할(Back Pressure)을 하는 밸브이다.

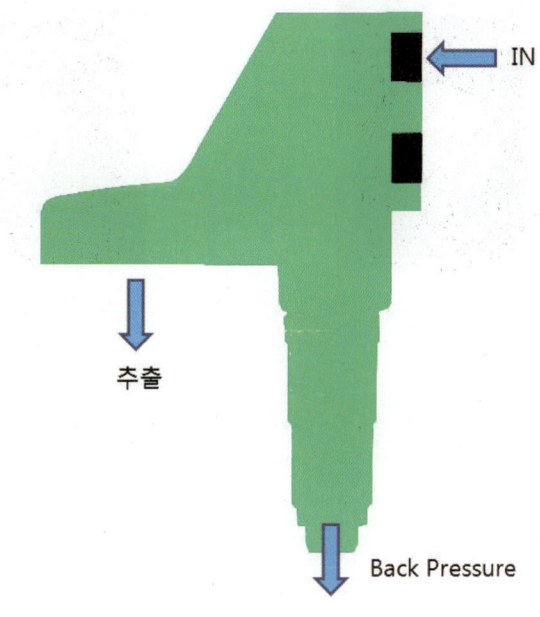

다시 말해 추출버튼을 누르기 전 밸브가 작동하지 않을 때에는 Back Pressure 방향과 그룹헤드 방향(추출)으로 열려 있고, 추출수 보일러 방향은 막혀있다. 그리고 추출버튼을 눌러 밸브가 작동하면 추출수 보일러 방향과 그룹헤드 방향은 열리고 Back Pressure 방향은 닫히는 것이다.

설명한 대로 3way는 추출버튼을 누르면 작동하게 되는데 에스프레소를 추출하면서 그룹헤드와 추출배관에 남아 있을 수 있는 물을 배출시키는 역할을 담당한다.

즉, 추출이 끝나면 밸브의 작동이 멈추고 원상태로 돌아가면서 보일러의 물을 차단하게 되고 그룹과 Back Pressure 라인을 열어 그룹내부의 압력을 해제하는 것이다.

만약 이 밸브가 2way라고 가정한다면 그룹헤드에서 포타필터를 분리하기 어려워질 뿐만 아니라, 분리한다 해도 갑작스런 압력의 해제로 압력 밥솥 터지듯 폭발할 것이다.

2way와 3way 부품의 외형상 차이점은 사진과 같이 코일의 윗부분이 막히거나 뚫려 있다는 점이다.

【2way】

【3way】

⑤ 플로우 메터 (유량계)

【플로우 메터】
※ 플로우 메터 외형에 표시된 화살표는 물의 흐름 방향을 나타내는 것이다.

커피머신에서 물이 지나가는 양을 감지하는 장치이다.

플로우 메터에 물이 지나가면 내부에 있는 임펠러라고 하는 부품이 회전을 하게 된다. 이 임펠러에는 자석이 부착되어 있는데 이 자석이 회전하면서 상부 커버의 센서에 신호를 주게 된다.

즉, 플로우 메터는 임펠러의 회전 횟수로 지나간 물의 양(유량)을 측정하는 장치인 것이다.

이렇게 물이 지나가고 내부의 임펠러가 작동하면 외부의 LED가 점등되어 물이 통과하고 있음을 알 수 있으며, 이 플로우 메터는 보일러와 그룹헤드 사이에 위치하여 에스프레소 추출수의 양을 설정할 수 있게 해주고, 한번 설정되면 이후에도 동일한 유량을 배출하도록 측정해 준다.

■ 플로우 메터 분해

플로우 메터의 기능을 다시 한 번 요약하면 물이 이동하면서 내부의 임펠러를 회전시키게 되고 임펠러에 부착된 자석이 상부에 회전 신호를 전달하여. 그 횟수로 유량을 측정한다.

이러한 플로우 메터의 내부를 자세히 살펴보면 인입되는 홀(hole)은 작고 배출되는 홀은 큰 것을 볼 수 있다. 이것은 물의 흐름을 원활하게 해줄 뿐만 아니라 임펠러가 역회전하지 않도록 하기 위함이다.

⑥ 수위 감지봉 (수면 조절계)

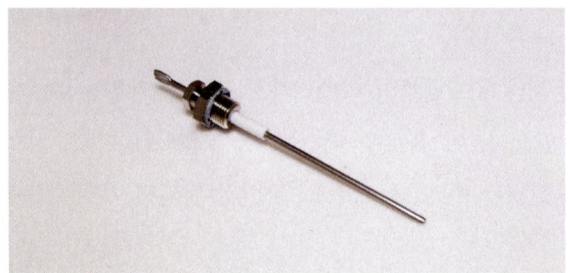

커피머신 보일러 내부의 물을 일정 수위(70% 전후)로 유지시켜주는 장치로서 보일러 내부에 수직 방향으로 길게 침투하여 보일러에 있는 물과 닿아 있다.

온수 등의 사용으로 수위가 낮아짐으로서 감지기에 물이 닿지 않게 되면 펌프를 작동시키게 하여 보일러 내부에 물을 다시 채워지게 한다. 이렇게 투입된 물이 수위가

높아지면서 다시 감지기에 닿게 되고 그러면 펌프 작동을 중단시키는 것이다.

이를 오토필(Autofill, 자동입력) 시스템이라고도 부르는데 수위 감지봉 자체를 오토필 시스템이라 칭하기도 한다.

커피머신의 장시간 사용으로 수위 감지봉에 스케일이 흡착되면 감지 기능이 떨어지게 되고 보일러 내부의 수위를 일정하게 유지하기 어렵게 된다.

이때는 감지봉을 보일러에서 분리한 후 오염물질을 벗겨내고 사용해야 하며, 그렇게 해도 개선되지 않는다면 새로운 제품으로 교체해야 한다.

2. 온도 제어, 증기압력 제어와 관련된 부품들

① 히터

히터는 전기를 이용한 전열기로서 보일러 내부 하단에 위치하며 보일러에 저장되어 있는 물에 직접 닿아 가열시킨다. 이렇게 히터를 통해 설정한 온도로 가열된 물은 온수, 스팀, 에스프레소 추출수에 사용된다.

히터는 보일러와 마찬가지로 동 재질로 되어 있으며 전열기에서 공급되는 열은 최대 350℃ 정도이다.

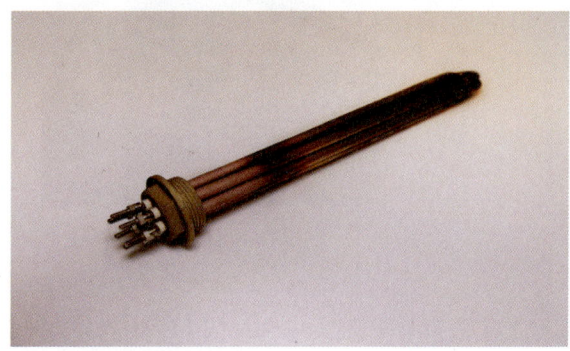

히터는 물이 채워지지 않은 상태에서 작동될 경우 열선이 손상됨으로 이를 주의해야 하며 또한 스케일로 인해 본래의 기능이 떨어지지 않도록 스케일 조절 혹은 흡착억제 장치를 장착하는 것이 바람직하다.

② 압력 스위치

PID(비례미분 제어장치) 제어 기능이 없는 커피머신의 경우에 보일러 내부에 저장된 물이 끓으면서 생성되는 증기 압력을 이용해 히터의 작동을 제어하는 장치가 압력 스위치이다.

압력 스위치의 역할은 보일러 내부의 압력이 설정된 압력보다 낮으면 히터를 켜고, 보일러 내부의 압력이 설정된 압력보다 높으면 히터를 끄는 것이다.

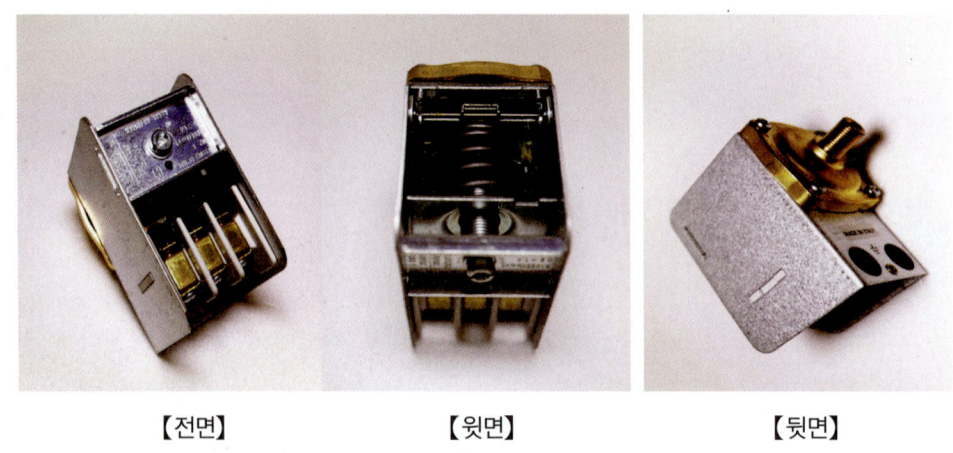

【전면】　　　　　　　　　【윗면】　　　　　　　　　【뒷면】

【조절 나사】

이 장치는 압력조절 스위치의 조절 나사를 이용해서 적용되는 압력을 조절할 수 있는데, 시계방향으로 돌리면 압력이 높아지고 반시계방향으로 돌리면 작동되는 압력이 낮아진다.
(노란 캡으로 씌워진 경우가 많이 있음으로 벗기고 조절해야 하며, 조절 시에는 조금씩 조금씩 돌리면서 확인해야 한다.)

 →  →

③ PID (비례미분 제어장치)

보일러의 온도를 원하는 온도로 설정하고 세밀하게 조절하여 직접 제어함으로서 온도 편차를 최소화하는 장치이다.

쉽게 설명해 보자면, 만약 설정온도에 도달할 때까지 히터를 켜고 마침내 설정온도에 도달하여 히터를 껐다고 하자. 이럴 때 온도가 정확히 설정한 온도에서 멈추면 좋겠지만 현실적으로는 그렇지 않다.

히터를 정지시켰더라도 관성에 의해 온도는 일정시간 동안 올라가게 되는데, 그 원인은 여러 가지이기 때문에 여기서는 언급하지 않겠다.

위와 같은 현상을 제어하여 설정온도와 실제온도의 편차를 최소화시키는 기능을 하는 장치가 PID(Proportional Integral Derivative) 제어 장치이다.

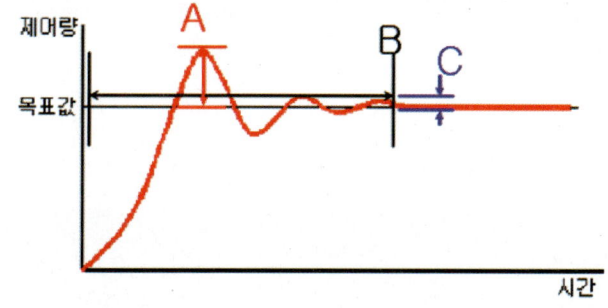

- A : 오버 슈트(목표값 초과치)
- B : 목표 값(설정 온도)
- C : 설정 온도와의 편차

- P 제어 : 목표 값 도달 시간(B)을 줄임.
- I 제어 : 정상 상태 오차(C)를 줄임.
- D 제어 : 오버 슈트를 억제

④ 보일러 압력 게이지

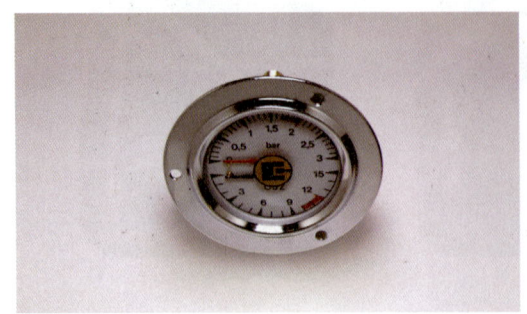

보일러 내부의 압력을 표시하는 장치로서 사진 상에서 '0~3' 사이의 수치를 표시하는 윗부분의 빨간 바늘 게이지를 말한다.

보일러의 압력은 보일러 내부의 온도 상승에 의해 발생하게 된다. 1기압 상황에서 물은 100℃ 이상으로 상승하지는 않지만 증기가 발생하게 되고 온도에 비례하여 압력이 생성된다. 이것을 표시하는 것이 보일러 압력 게이지이다.

보일러 압력 게이지는 펌프 압력 게이지와는 다르게 버튼의 동작과 관계없이 항상 실제 의미 있는 수치를 표시해 준다.

커피머신은 보일러 압력을 통해 보일러 내부 물의 온도를 유추할 수 있으며 일체형 (단일형) 보일러의 경우는 추출수의 온도에 직접적으로 영향을 준다.

보일러 압력은 1.8bar 이상이 되지 않도록 하여 내부에 과압력이 생기지 않도록 주의한다.

⑤ 진공 방지 밸브 (에어 밸브)

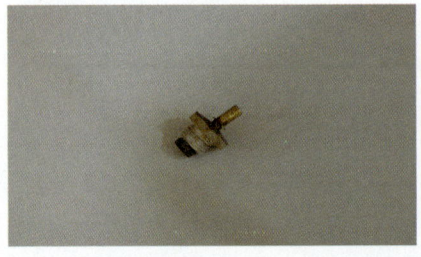 

진공 밸브를 에어 밸브라고도 하며 보일러 내부의 물이 데워지지 않았을 때에는 외부의 공기와 통하도록 하고, 커피머신이 켜지고 내부의 물이 데워져 증기 압력이 생기면 이 압력으로 인해 밸브 내부의 축이 밀리면서 외부와 차단된다.

그리고 다시 커피머신을 끄면 보일러 내부의 물의 온도가 내려가게 되고 이에 따라 증기의 압력이 줄어들게 됨으로서 축이 수축하여 외부의 공기가 통하게 된다. 이는 보일러 내부가 진공 상태에 이르는 것을 방지하며 정상적인 온도 유지를 위함이다.

3. 안전장치

① 과압력 방지 밸브

커피머신 보일러 내부의 압력이 필요 이상으로 올라가게 되면 상당히 위험함으로 내부 압력을 외부로 배출하여 안전사고를 예방하고자 하는 목적의 장치이다.

보일러 내부의 압력이 1.8bar~2bar 이상일 때 작동하게 되는데, 이렇게 압력이 일정 이상으로 상승하게 되면 보일러 내부의 스팀이 과압력 방지 밸브 내부의 스프링을 밀어냄으로서 스팀을 배출하여 압력을 낮추어 준다. 그리고 일정 압력 이하가 되면 스프링이 다시 복귀하면서 배출을 멈춘다.

과압력 방지 밸브는 스팀에 의한 스프링의 힘으로 작동하기 때문에 압력의 설정이 불가능하다.

② 히터 과열 방지 센서

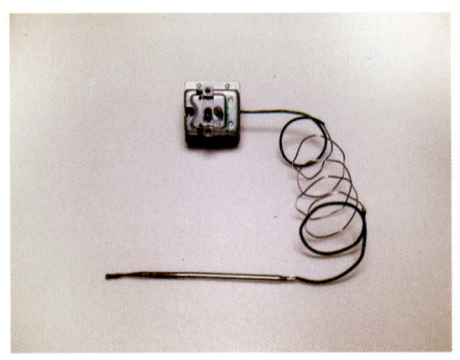

히터와 함께 보일러 내부에 인입되어 있으며 히터가 필요 이상으로 과열되어 손상되지 않도록 방지하는 온도 센서이다.

 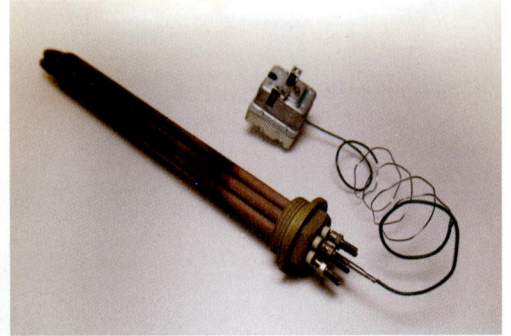

※ 보일러 히터 내부로 과열 방지 센서가 들어가 히터의 온도를 직접 감지한다.

히터는 350℃ 정도의 온도로 가열되어 물과 직접 닿아 자신의 열을 보일러 내부의 물로 발산하게 되는데 보일러 내부에 물이 없다거나 하는 등의 이유로 열을 발산하지 못하면 히터 자체가 손상되게 된다.

때문에 히터가 일정온도 이상이 되면 과열 방지 센서가 히터로 가는 전원을 차단해 줌으로서 히터를 보호하는 것이다.

만약 과열 방지기가 작동했다면 다음과 같은 사항을 확인해야만 한다.

- 먼저 급수 밸브(정수기 밸브)가 잠겨있지 않은지 확인한다.
- 보일러 수위 게이지를 확인하여 내부의 물이 충분한지 확인한다.
- 수위 감지기가 정상 작동하는지 확인한다.
- 히터가 과열로 인해 타지 않았는지 확인한다.

원인을 확인하고 적절한 조치 이후 붉은색 혹은 과열 방지기 센서 중앙에 있는 돌출된 부분을 눌러 리셋(Reset)시키면 다시 정상 작동한다.

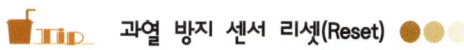

과열 방지 센서 리셋(Reset) ●●●

 →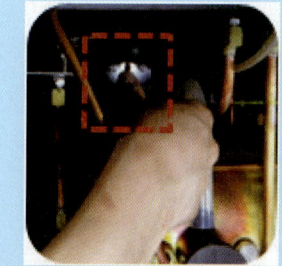

③ 과수압 방지 밸브

펌프 모터와 드레인 박스 사이에 위치하며, 커피머신으로 공급되는 물이 11bar를 초과할 경우에 추와 스프링을 밀어내게 되고 배수관을 통해 물을 배출시킴으로서 머신을 보호하는 안전밸브이다.

단순히 스프링의 힘으로 작동되는 밸브임으로 압력의 수치를 조절할 수 없고 평상시에는 작동하지 않는다.

이 부품에 불량이나 고장이 발생하면 과압력이 아닌 경우에도 배수구로 물이 계속 흐르게 되고 이 때문에 일정한 펌프압력을 유지할 수 없어 추출속도에 이상이 발생한다. 이때는 엔지니어를 통해 교체하여야 한다.

Chapter 11

그룹과 포타필터

커피머신의 그룹헤드와 포타필터를 합쳐 흔히 그룹이라 부른다. 이 그룹의 개수로 1그룹, 2그룹, 3그룹으로 분류해서 칭하고 그룹의 개수가 많아지면 보일러의 용량이 커지고 이로 인해 온도편차가 적어지며 온도 회복력이 빨라지는 이득이 있다.

또한 커피머신이 감당하는 시간당 연속추출 용량도 커지게 된다.

1. 그룹헤드와 관련된 부품들

그룹헤드는 최종적으로 에스프레소 추출수가 배출되는 부분으로 샤워홀더, 샤워필터, 개스킷 등으로 크게 분류된다.

① 그룹헤드

그룹헤드는 포타필터를 결합하여 장착할 수 있게 해주는 역할을 하며 보일러에서 가열된 물이 가급적 식지 않도록 동(銅) 재질로 두껍게 제작된다. 헤드에서 방출되는 물은(샤워홀더나 샤워스크린이 없는 상태는) 분산되어 배출되지 않고 한줄기의 물만 압력을 가지고 배출된다.

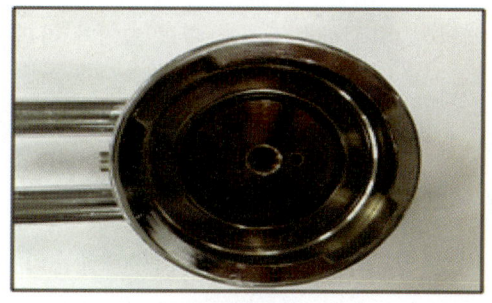

【그룹헤드】

 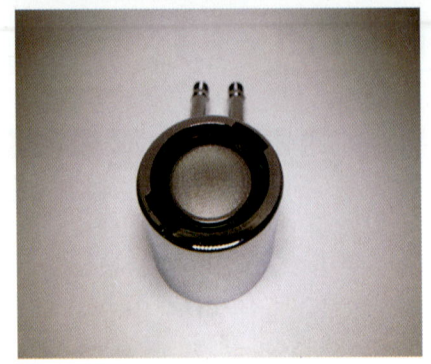

【그룹헤드 상부】   【그룹헤드 하부】

② 지글러

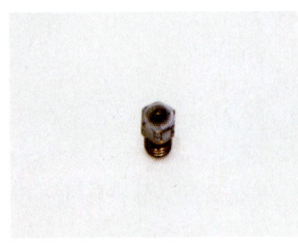  

【지글러】   【지글러의 위치】   【분해사진, 캡과 필터】

보일러에서 가열된 추출수가 샤워스크린으로 배출되기 직전에 지글러의 작은 홀을 통과하는데 이때 물이 뿌려지듯이 통과하기 때문에 Jet 라고도 불린다.

이렇듯 지글러는 추출수의 흐름을 통제하는 역할을 하고 추출속도와 함께 결과물에 중대한 영향을 끼친다.

만약 지글러에 스케일이 끼는 이유 등으로 홀의 크기가 바뀌면 시간당 유량이 달라져서 추출속도가 변하게 된다.

③ 그룹헤드의 3way 밸브

평상시 보일러의 물은 차단하고 있고 샤워스크린(추출수의 최종 배출구) 방향과 Back Pressure 방향은 열려 있다가 추출 버튼을 누르면 보일러의 물이 들어오고 Back Pressure

방향은 닫힌다.

이로 인해 3way 밸브는 보일러의 추출수를 열고 닫는 역할 뿐만 아니라 Back Pressure를 통해 추출 시에 생긴 포타필터 내부의 압력을 제거해 주고 블라인드 필터를 장착하여 그룹헤드의 약품세척을 가능하게 해 준다.

🥤Tip 그룹헤드의 온수 순환 (Thermosyphon) ●●●

그룹헤드의 온수는 한 방향으로만(추출수 보일러에서 샤워 스크린으로 배출되는 방향) 연결되어 있지 않고 열교환기의 위아래 방향 양쪽으로 연결되어 있다.

보일러에서 가열된 물과 상대적으로 외부에 노출되어 있는 그룹헤드 내부의 물 온도에는 차이가 생기는데 이러한 온도 차이에 의해 온수가 순환하게 되고 이를 열사이펀 (thermosyphon)이라 한다.

열사이펀은 그룹헤드를 가열하고 온도를 유지시킬 뿐만 아니라 추출수 내부의 온도를 최소한의 편차로 유지할 수 있도록 해준다.

④ 샤워홀더

샤워홀더는 그룹헤드와 샤워스크린 사이에 위치하고 샤워가 고정될 수 있도록 저지대 역할을 하며, 그룹에서 배출되는 한줄기 물을 우선적으로 크게 6~8 줄기로 분산시키는 역할을 한다.

⑤ 샤워스크린

분쇄된 원두에 에스프레소 추출수를 고르고 일정하게 분포시키기 위해 샤워홀더를 통해 분산된 물을 한 번 더 분산하는 역할을 하는 것이 샤워스크린이다.

보통 원형으로 타공된 스크린과 철망으로 된 스크린이 접합되어 있다.

⑥ 개스킷

그룹헤드와 포타필터가 결합되어 에스프레소를 추출할 때 추출 압력(8~10bar)으로 인해 추출수 혹은 커피가루가 새어나오지 못하도록 막아주는 장치이다.

사용빈도와 시간에 따라 경화되거나 마모되어 추출수가 일부 샐 수 있다. 개스킷은 소모품이므로 6개월에서 1년 이내에 교체하는 것이 좋다.

※ 개스킷은 위와 아래 방향이 있으므로 교체 시 확인하도록 하자(둥근쪽이 윗면이다).

그룹헤드에서 배출되는 한줄기의 물은 머신마다 배출되는 위치와 방향이 다르다. 하지만 샤워홀더와 샤워스크린을 이용하여 단계적으로 나뉘는 부분은 동일하다.

즉, 머신마다 분쇄된 원두가 적셔지고 포타필터 내부에서 압력이 형성되는 모양은 다르지만, 분쇄된 원두를 고르고 일정하게 적시고자 하는 목적은 동일하다 하겠다.

2. 포타필터와 관련된 부품들

분쇄된 원두를 담아서 그룹헤드에 장착하여 에스프레소 음료는 배출시키고 커피 찌꺼기(퍽)는 남겨두는 필터 역할을 하는 장치로서 스파웃의 개수로 싱글, 더블, 트리플 등으로 분류한다.

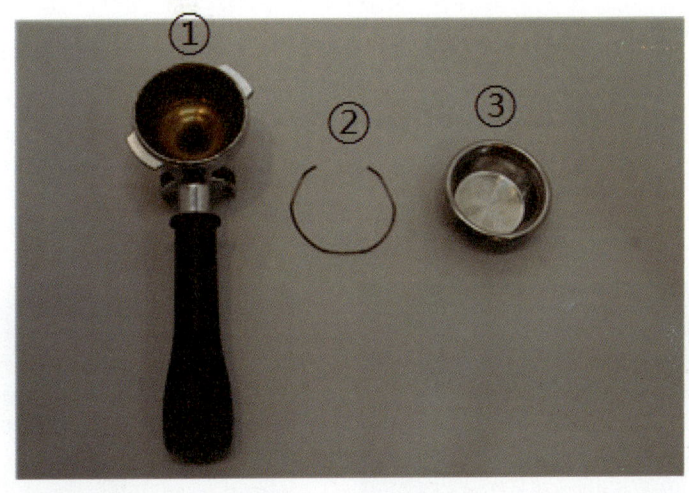

① 필터홀더

손잡이가 달려서 포타필터의 각 부품들이 모여 결합되는 부분이다.

② 홀더 스프링

필터홀더와 필터 바스켓이 서로 결합되도록 하는 고정 장치이다. 이 스프링이 있음으로

해서 필터 바스켓과 홀더 간 탈부착이 가능해 진다.(스프링의 힘이 느슨해져서 필터 바스켓이 쉽게 빠지면 가운데 부분을 바깥으로 휘어서 사용하거나 교체하도록 하자.)

③ 필터 바스켓

분쇄된 원두가 담기는 부분으로서 실질적으로 필터 역할을 하는 부분이다.

바닥면에 작은 구멍들이 촘촘히 뚫려있고 이 작은 구멍이 크레마 생성에 큰 역할을 하며 싱글 바스켓, 더블 바스켓이 있는데 그 모양과 용량이 다르다.

각 회사마다 혹은 애프터 마켓 더블 바스켓이라 하더라도 필터 바스켓마다 의도하는 용량이 있으므로 원두가 담기는 용량을 표기하여 분류하기도 한다. 그러므로 바스켓 용량에 맞는 적절한 도징을 하여야 한다.

일반적으로 싱글 바스켓은 약 7~9g, 더블 바스켓은 14~19g의 용량을 가지고 있다.

(구멍이 뚫리지 않은 바스켓은 블라인드 바스켓이라 불리며 그룹헤드 세척 시에 사용된다.)

④ 스파웃

【버텀리스 포타필터】

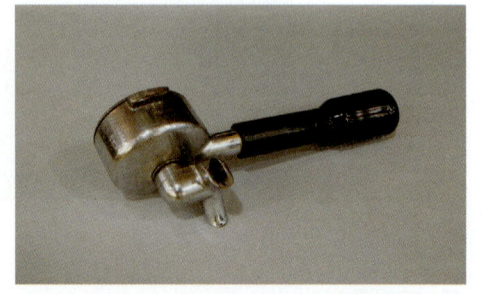

【더블스파웃 포타필터】

에스프레소가 최종적으로 배출되는 부분으로 용량에 따라 에스프레소 음료를 나누는 역할을 하며 스파웃의 개수에 따라 싱글, 더블, 트리플로 분류한다.

그리고 스파웃 혹은 필터홀더의 바닥부분과 필터 바스켓의 바닥이 노출되어 에스프레소가 추출되는 모양이 드러나 보이게 하는 필터를 버텀리스(Bottemless)라 한다.

3. 그룹헤드 약품청소

▪ **Back Pressure**

- 브러시를 이용하여 개스킷 주변을 털어준다.
- 포타필터의 필터 바스켓을 제거한다.
- 블라인드 바스켓을 장착한다(블라인드 바스켓이 없으면 필터 바스켓을 제거하지 말고 블라인더 고무 디스크를 끼운다.).
- 전용세제를 1/2 ts 넣는다.
- 포타필터를 장착한다.
- 추출버튼을 누르고 5초 후 끈다.
- 5초 정도 기다린다.
- 추출버튼을 누르고 5초 후 끈 후 5초 정도 기다리는 과정을 7~10회 반복한다.
- 포타필터를 분리하고 샤워스크린과 주변을 닦아낸다.

그룹은 실질적으로 에스프레소 음료가 추출되며, 오일과 찌꺼기가 쌓이게 되고 열로 인해 오일들이 경화되기 쉽다. 이러한 오염으로 인해 에스프레소 결과물이 왜곡되지 않도록 전용 세정제를 이용하여 매일 세척하도록 한다.

4. 그룹헤드 샤워스크린 분리청소

 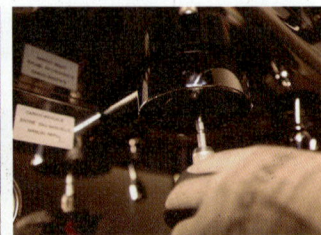 

- 그룹헤드와 여기에 관련된 부품들은 고온이므로 먼저 장갑을 착용한다.
- 샤워스크린을 분리한다.(샤워스크린에 볼트가 없는 경우에는 스푼이나 드라이버를 이용하여 스크린 가장자리를 젖히면서 분리하면 되는데 이때 개스킷은 샤워스크린에 끼어서 같이 분리된다. 만약 샤워스크린에 볼트가 있는 경우라면 드라이버나 렌치를 이용하여 풀어내면 되는데 이때 개스킷은 홀더에 장착되어 있다.)
- 샤워홀더를 분리한다.(드라이버 혹은 육각렌치를 이용하여 분리하며 만약 샤워스크린에 드라이버가 없는 경우에는 샤워홀더를 분리하지 않는 것을 권한다.)
- 스크린과 홀더를 전용약품이 희석된 뜨거운 물에 담가두고 오염물을 닦아낸다.
- 깨끗한 물로 헹군다.
- 분해의 역순으로 조립한다.

5. 그룹헤드 개스킷의 교체

① 샤워스크린에 볼트가 있는 경우

- 샤워스크린과 샤워홀더를 분리한다.
- 송곳과 드라이버를 이용하여 개스킷을 빼낸다.
- 샤워홀더를 깨끗이 닦는다.
- 개스킷 방향을 확인하고 끼운다.
- 샤워홀더와 샤워스크린을 장착한다.
- 포타필터를 그룹헤드에 체결하여 개스킷이 확실히 자리 잡도록 조여 준다.

② 샤워스크린에 볼트가 없는 경우

- 샤워스크린을 분리한다.
- 샤워스크린에서 개스킷을 분리한다.
- 개스킷 방향을 확인하고 샤워스크린에 개스킷을 끼운다.
- 샤워스크린을 장착한다.
- 포타필터를 그룹헤드에 체결하여 개스킷이 확실히 자리 잡도록 조여 준다.

개스킷의 교체 주기는 6~10개월 사이이다. 이 기간 동안 에스프레소의 추출 횟수가 적었다 하더라도 여유를 두고 교체하는 것을 권한다.

개스킷을 수명 한계까지 사용하는 것을 권하지 않는 이유는 개스킷은 마모뿐 아니라 시간이 누적됨에 따라 열에 의한 경화로 수명이 결정되기 때문이다. 처음에는 말랑말랑하던 개스킷이 딱딱해지면 그룹헤드에서 빼내기가 매우 힘들어진다.

개스킷을 주문 할 때에는 치수와 모델을 확인한 후 주문하도록 한다.

6. 포타필터 약품청소

포타필터의 필터 바스켓을 분리하고 전용 약품이 희석된 뜨거운 물에 수 시간 담가둔다. 그리고 브러시나 수세미를 이용하여 오염물을 닦아내고 깨끗한 물로 헹군다. 마지막으로 포타필터에 필터 바스켓을 끼우고 그룹에 장착하면 된다.

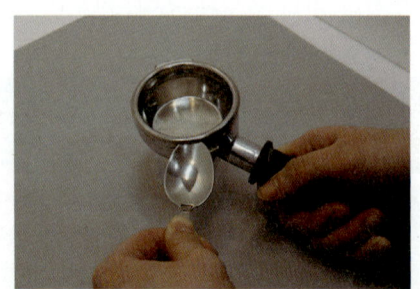

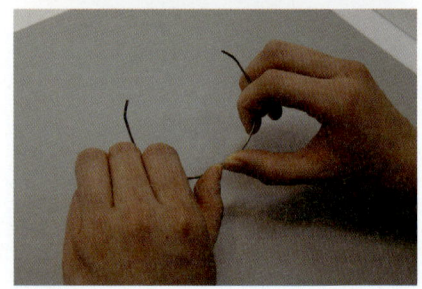

※ 필터 바스켓이 너무 쉽게 빠지는 경우 스프링을 빼내어 W자 모양으로 구부려준다.

7. 스팀완드 약품청소

우유 스티밍 후에는 반드시 스팀을 분사하여 노즐 안에 일부 고여 있는 우유를 밀어 냄으로써 우유가 노즐 내부에서 굳어버리지 않도록 해야 한다.

또한 일일 마감시에 스팀완드를 물에 담가 두는 것으로 유지 관리가 가능하지만 한번 오염된 스팀완드는 우유가 굳어 경화되기 때문에 가능하면 스팀완드 전용 세제를 이용하는 것이 좋다.

8. 드립 트레이 청소

드립 트레이는 기계에서 떨어지는 물이나 이물질을 받아주는 역할을 함으로 이물질이 쌓이지 않도록 항상 깨끗이 청소해 주어야 한다.

Chapter 12

보일러의 형태에 따른 분류와 개요

보일러의 형태는 전통적인 방식인 일체형(ex, 열교환 방식), 에스프레소 추출을 위한 보일러와 온수 및 스팀을 위한 보일러를 따로 두는 분리형, 그룹마다 에스프레소 추출을 위한 보일러를 각각 따로 가지는 독립형, 위의 방식이 중복되어 사용하는 혼합형으로 분류한다.

1. 일체형 보일러 (단일형 보일러, 열교환 방식)

하나의 보일러로 온수, 스팀, 에스프레소 추출수를 모두 가열하는 방식이다. 보일러 내부에 있지만 에스프레소 추출수와 온수는 혼용되지 않고 간접적으로 가열된다.(열교환)

1961년에 정립되어 지금까지 사용되는 커피머신의 기본이 되는 보일러 형태라 할 수 있다. 보일러 내부의 물은 내부공간의 70%정도만 채워져 있고, 이 물을 히터가 직접 닿아서 가열시킨다. 가열된 온수는 온수 디스펜서로 배출되고 비어 있는 30%의 공간에 증기가 채워져 스팀 밸브 작동 시 노즐로 배출된다.

보일러 내부의 온수를 가열할 때 물은 100℃ 이상 올라가지 않지만 물이 가열될수록 증기는 포화되고 물보다 높은 온도와 압력을 가지게 된다. 다시 말해 증기의 압력과 보일러 내부의 온도는 거의 같은 의미라고 볼 수 있다.

따라서 보일러의 압력은 곧 보일러 내부 증기의 압력을 말하는 것이고 보일러 압력 게이지를 통해 보일러 온도를 유추할 수 있게 된다.

그래서 보일러가 가열되지 않았을 때 스팀은 당연히 나오지 않을 것이고 온수 또한

배출되지 않는다. 왜냐하면 온수를 배출하는 힘은 펌프의 압력이나 중력이 아니고 중기의 압력이기 때문이다.

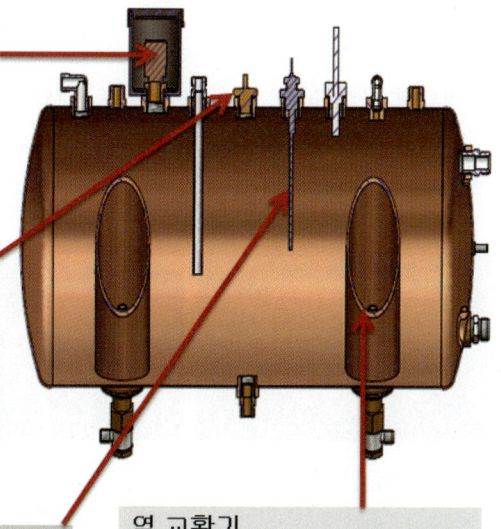

과 압력 밸브
서로 다른 형태의 밸브가 기계에 설치되어 있지만 작동은 동일하다. 보일러 위에 설치되어 있으며, 열려 있을 때에 약 1.8bar의 압력을 가진다. 올바른 압력에서 열리도록 설정된 브라스 셔터로 만들어졌다.

에어 핀 / 반 진공 밸브
이 밸브는 보일러 위에 설치되어 있다. 보일러 압력이 대기 압력보다 낮으면 열리고, 보일러 압력이 높아지면 내부 셔터를 올려 닫히게 되는 원리이다. 자동으로 작동되며, 보일러가 냉각된 경우 스팀 밸브가 우발적으로 열리는 것을 막기 위해 스팀 완드에서 빨아들이는 것을 방지한다.

수위 감지 센서
터미널과 선을 통해 PCB에 연결되어 있다. 보일러 내의 수위감지 및 수위조절 할 수 있는 장치이다.

열 교환기
동 튜브로 회전 튜브가 연결된 피팅 끝에 달혀 있다. 인젝터는 브라스 튜브로 되어 있고, 설치된 기계 형태에 따라 크기가 달라진다. 열 교환기와 피팅은 보일러 몸체와 연결되어 있으며, 인젝터가 스크류로 연결되어 서비스시 제거할 수 있다. 모든 기계는 각 그룹 당 1개의 열 교환기를 갖추고 있으며, 이 모두는 동일한 보일러 내에 갖춰져있다.

밸브는 단순히 길을 열어주거나 닫는 역할을 할 뿐이고 온수 배출시 나는 펌프의 소리는 보일러 내부에 물을 채우는 소리이다.

일체형 보일러에서 증기의 압력은 다른 보일러 방식보다 더 중요한 요소가 되는데 그 이유는 증기의 압력이 보일러 온도를 제어하는 요소가 되고, 추출수의 온도에도 영향을 미치기 때문이다.

예를 들면 스팀 사용으로 압력이 낮아진다던가, 온수의 사용으로 외부의 찬물이 유입돼 증기의 포화도가 낮아지는 등의 이유로 변화하는 증기 압력은 압력스위치를 작동시켜 히터의 ON, OFF에 직접 관여한다.

　일체형 보일러는 하나의 보일러만 가지고 있지만 히터가 직접 가열한 온수와 에스프레소 추출수를 공유하지는 않는다. 에스프레소 추출수는 보일러 내부를 관통하는 파이프, 즉 이것을 열교환기라고 하는데 이 열교환기 내부의 물이 에스프레소 추출수이다.

　열교환기 내부에는 빈 공간 없이 물이 가득 채워져 있으며 가열장치는 없다.

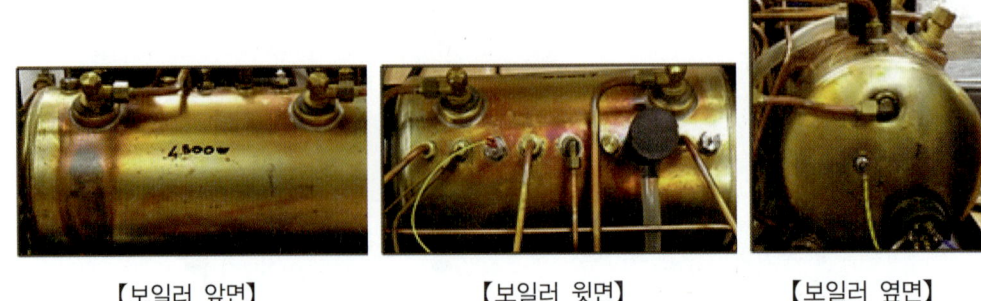

【보일러 앞면】　　　　　【보일러 윗면】　　　　　【보일러 옆면】

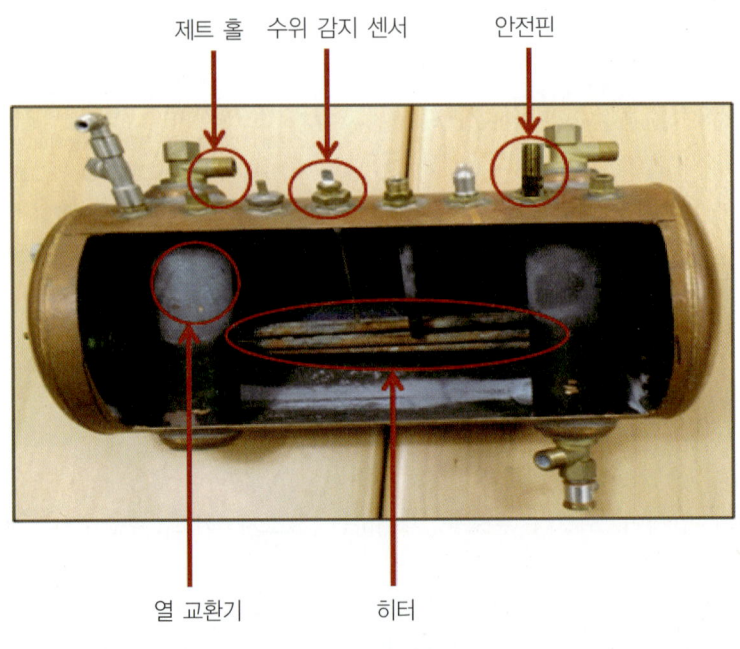

【보일러 절단면】

1) 회로도에 따른 부품의 명칭

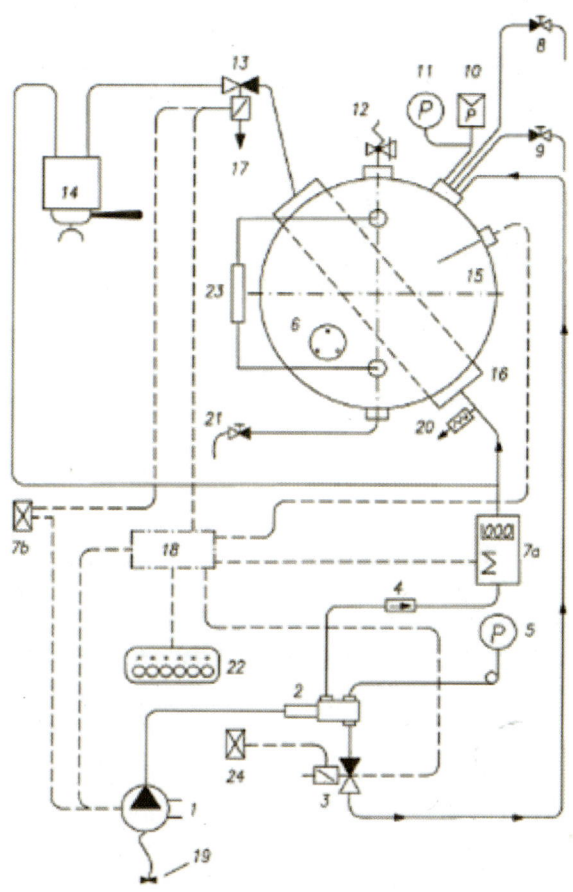

1. Supply Pump : 모터 펌프
2. Water Distributor with Filter : 워터 플로우 센서
3. Solenoid Valve for Automatic Fill : 급수용 2Way 밸브
4. Non-return Valve : 역류 방지 밸브
5. Pump Pressure Gauge (f.s. 16 bars) : 펌프 압력 게이지
6. Electrical Heating Element : 히터
7. A.Volume Eeasurer : 프레샤
8. B.Supply Switch : 전원 스위치
9. Hot Water Run-off Tab : 온수 탭
10. Steam Tap : 스팀 탭
11. Operating Pressure Gauge : 온도 게이지

12. Boiler Pressure Gauge (f.s. 16bars) : 보일러 압력 게이지
13. Safety Valve : 과열 방지센서
14. Run-off Solenoid Valve : 커피 추출용 3Way 밸브
15. Run-off Assembly : 그룹헤드
16. Boiler : 보일러
17. Heat Exchanger : 열 교환기
18. Run-off Valve Outlet : 오버 캡
19. Automatic Run-off Control Unit : PCB (메인 기판)
20. Connection to Water Main : 메인 급수 연결
21. Expansion Valve : 확장밸브
22. Boiler Drain Tap : 보일러 배수 밸브
23. Keypad : 추출 기판
24. Glass Level : 수위 게이지
25. Manual Load Faucet : 수동 급수 스위치

> **정 리**
>
> - 히터가 온수를 직접 가열하고 가열된 물은 다시 열교환기를 가열한다.
> - 열교환기 내부의 추출수는 간접적으로 가열되는 것이며 이러한 간접 가열로 인해 온수와 열교환기의 추출수는 상호간에 열을 주고받는다. 이 때문에 열교환 장치라 부른다.
> - 에스프레소 추출수(그룹으로 배출되는 물)는 온수와 달리 보일러가 가열되기 전이라도 배출된다. 이것은 열교환기 내부에 빈 공간이 없고 펌프가 밀어내는 힘으로 배출되는 물이기 때문이다.
> - 일체형 보일러는 히터 하나로 온수/스팀, 추출수를 감당해야 하고 어느 한쪽의 온도 변화가 다른 쪽에 영향을 주며 추출수의 간접 가열방식으로 인해 설정한 온도의 유지, 회복에 취약하다.

2) 일체형 보일러의 장점

- 머신의 구조가 단순하고 전자적 제어방식에 크게 의존하지 않기 때문에 기계적으로 안정적이다.
- 비교적 저렴하고 보수가 간편하며 유지 보수비용이 적게 든다.

3) 일체형 보일러의 단점

- 온수/스팀의 사용이 추출수의 온도변화에 영향을 준다.

- 온수와 추출수의 연속, 복합 사용 시 추출수의 온도조절과 온도유지, 온도회복에 취약하다.

2. 분리형 보일러

온수 보일러와 추출수 보일러를 따로 분리한 형태를 말한다.

단일형 보일러가 하나의 보일러 내부에 하나의 히터로 온수와 추출수의 온도를 서로 교환하며 유지하기 때문에 생기는 온도 유지의 취약함을 보완하기 위한 형태로서 온수와 추출수 상호간 영향이 없다.

온수/증기 보일러에는 70% 정도 물이 채워지고 나머지 빈 공간 30%에는 증기가 채워지는데 추출수 보일러보다 크기가 큰 것이 일반적이다. 작동 원리는 일체형 보일러에서 열교환기가 제거된 것과 같은데, 분리형 보일러 형식의 머신에서 보일러의 압력 게이지가 표시하는 것은 이 온수/증기 보일러의 압력을 말하는 것이다.

추출수 보일러에는 물이 가득 차있고 보일러와 그룹헤드가 직접 연결되어 있는 경우가 대부분이며 히터가 직접 가열하기 때문에 일체형보다 추출수 온도 회복효율이 좋다.

추출수의 온도 조절은 온도 조절기를 이용하기 때문에 단일형보다 세밀한 온도 유지가 가능하다.

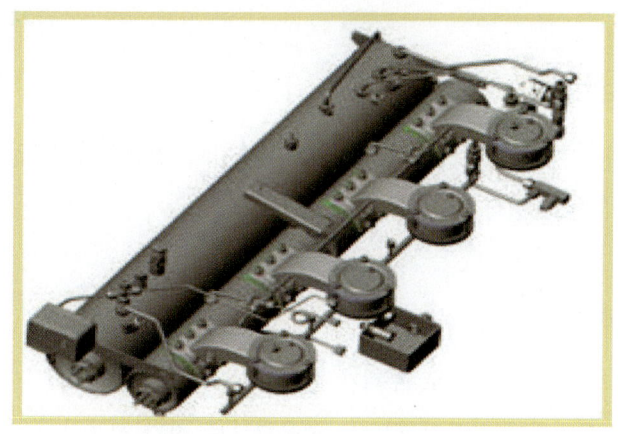

1) 분리형 보일러의 유압 흐름도

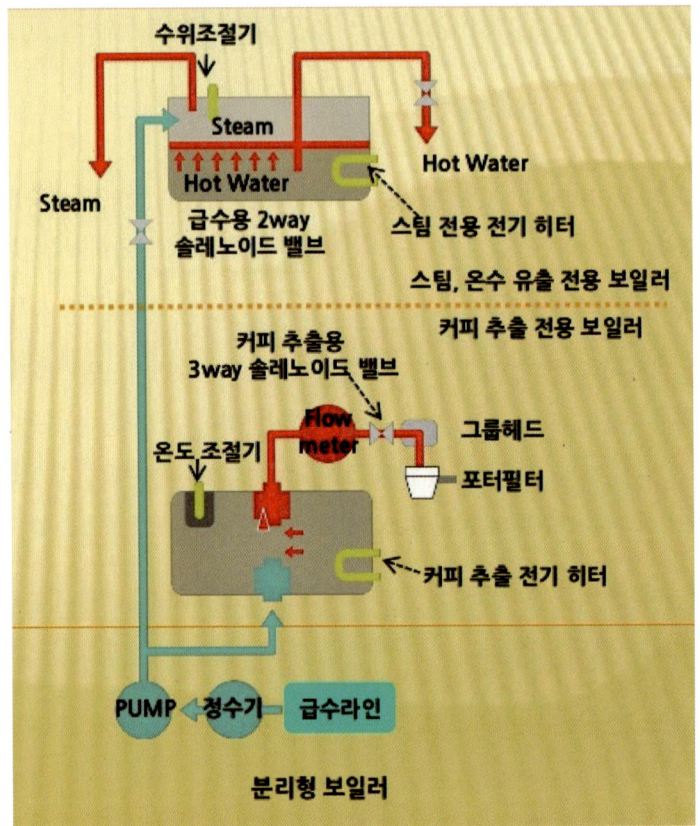

수위조절기

Steam

Steam

Hot Water

Hot Water

급수용 2way
솔레노이드 밸브

스팀 전용 전기 히터

스팀, 온수 유출 전용 보일러

커피 추출 전용 보일러

커피 추출용
3way 솔레노이드 밸브

Flow
meter

그룹헤드

온도 조절기

포터필터

커피 추출 전기 히터

PUMP   정수기   급수라인

분리형 보일러

2) 분리형 보일러의 장점

- 추출수와 온수/스팀 보일러의 분리로 상호간의 영향을 받지 않는다.
- 추출수의 온도 변화가 적다.

3) 분리형 보일러의 단점

- 두 개의 보일러 사용으로 부피가 커지고 무거워진다.
- 두 개의 보일러가 각각의 히터를 사용하므로 전기 사용량이 많아진다.

3. 독립형 보일러

　온수/스팀 보일러와 추출수 보일러가 분리된 것뿐만 아니라 각각의 그룹마다 개별적인 보일러를 가지고 있는 형태를 말한다.

　따라서 연속 추출 시 각 그룹의 추출수 상호간에 영향을 주지 않고, 각각의 그룹마다 다른 온도 설정이 가능하다.

1) 독립형 보일러의 열교환 방식과 유압 흐름도

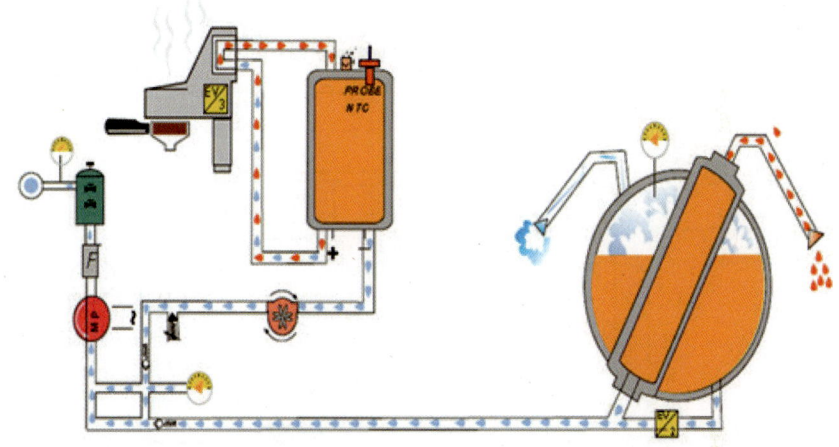

　■　수도 → 정수필터 → 연수기 → 압력 게이지 → 메인 보일러 → 온수/스팀 → 플로우 메터
　　　→ 독립 보일러 → 그룹헤드 → 커피 추출

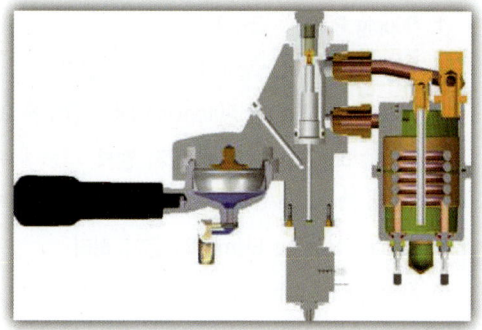

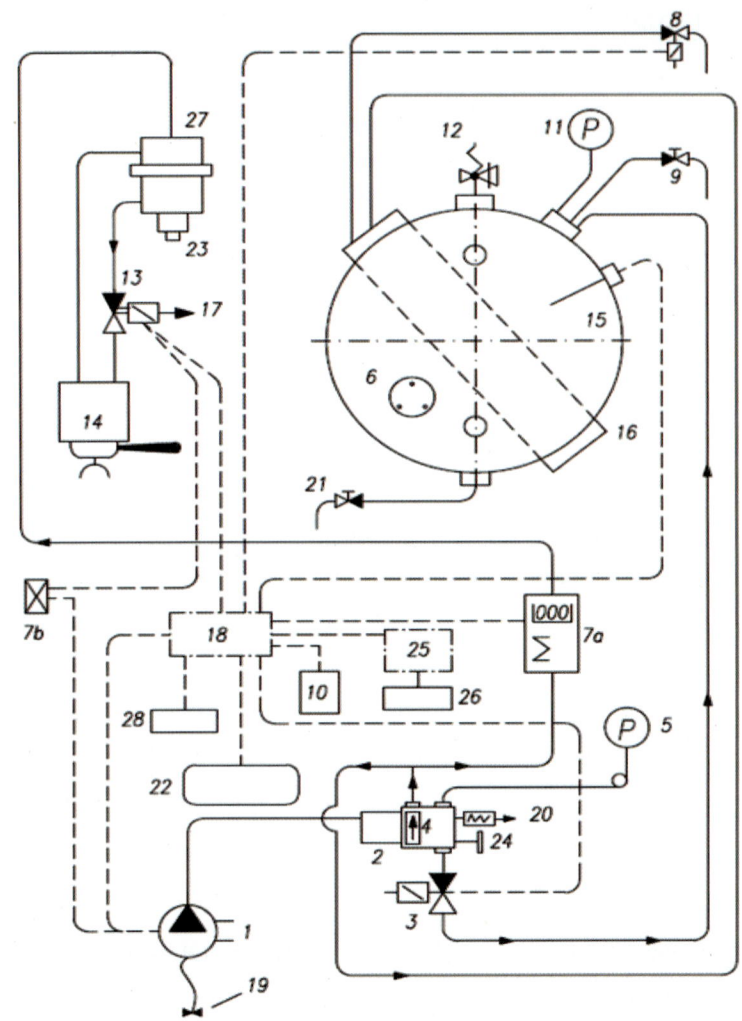

1. Supply Pump : 급수펌프

2. Water Distributor with Filer : 정수필터

3. Solenoid Valve for Automatic Fill : 급수용 2way 밸브

4. Non-return Valve : 역류 방지 밸브

5. Pump Pressure Gauge(f.s 16bar) : 펌프 압력 게이지

6. Electric Heating Element : 전기 히터

7. Flow Meter : 유량계

7b. Distribution Control Switch : 전달 제어 스위치

8. Hot Water Run-off Sol.Valve : 온수 밸브

9. Steam Tap : 스팀 탭

10. Static Relay : 정지형 계전기

11. Boiler Pressure Gauge(f.s 16bars) : 보일러 압력 게이지

12. Safety Valve : 과열방지 센서

13. Run-off Solenoid Valve : 커피 추출용 3way 밸브

14. Run-off Assembly : 그룹헤드

15. Boiler : 보일러

16. Heat Exchanger : 열 교환기

17. Run-off Valve Outlet : 오버 캡

18. Automatic Run-off Control Unit : 메인 기판(PCB)

19. Connection to Water Main : 메인 급수 연결

20. Expansion Valve : 확장 밸브

21. Boiler Drain Tap : 보일러 배수 밸브

22. Keypad : 추출 기판

23. Groups Boiler Electric Resistance : 그룹 보일러 전기저항

24. Pidbull Temperature Regulating Control Unit : 온도조절 제어장치 피드불

25. Pidbull Keyboard : 피드블 키보드

26. Boiler Group : 그룹 보일러

27. Display : 표시창

2) 독립형 보일러의 장점

• 온수/스팀 보일러와 각 그룹이 독립적인 보일러를 가지고 있음으로 보일러 상호간의 영향이 없다.

• 각 그룹별로 온도 설정이 가능하며, 온도 편차가 적다.

3) 독립형 보일러의 단점

• 구조가 복잡하여 유지 보수가 어렵다.

• 비교적 전기 사용량이 많다.

• 독립 보일러는 소형인데다 추출수 임으로 물이 가득 차 있어 동파에 취약하다.

4. 혼합형 보일러

온수/증기 보일러를 분리하고 각 그룹이 독립된 보일러를 가지고 있는 것에서 한 걸음 더 나아가 외부의 찬물이 바로 투입되지 않고 온수/스팀 보일러에서 열 교환하여 한 번 데워진 물이 투입되는 방식이 혼합형 보일러이다.

각 그룹의 독립 보일러에 찬물이 투입되지 않고 한 번 데워진 물이 투입됨으로 온도 회복 속도와 유지에 유리하며, 연속 추출 시에도 온도 편차가 매우 적다.

또한 예열된 물이 투입되기 때문에 추출수 보일러 히터의 부담 역시 적다.

1) 혼합형 보일러 장점

- 온수, 스팀 사용이 각 그룹 상호간 영향을 주지 않는다.
- 그룹별로 개별적인 추출수 온도 조절이 가능하다.
- 연속 추출시에도 온도 편차가 적고 온도 회복속도가 빠르다.

2) 혼합형 보일러 단점

- 구조가 복잡하고 전자제어 장치가 많아서 유지 보수가 어렵다.
- 비교적 고가이다.

지금까지 설명한 보일러 형태들은 모두 지금 현재에도 생산 판매 되고 있는 방식이며 모두가 각기 특성을 가지고 있음으로 제일 좋은 형태 하나만 존재하는 것은 아니다.

따라서 본 내용이 커피머신 사용자에게 가장 알맞은 머신을 선택하는 지식이 되고 머신의 형태를 이해하여 원하는 에스프레소 추출에 도움이 되길 바랄뿐이다.

물에는 광물질 및 금속의 이온 등의 성분이 녹아있는데 비교적 다량으로 함유된 물을 경수라 하고, 적은 물을 연수라 한다. 이런 물속에 함유된 화학적 결합물이 배관이나 보일러 내부에 흡착되는데 이를 스케일이라고 한다.

스케일은 커피 고유의 맛을 저하시키며 불순물로 인한 기계 고장의 원인이 된다. 이러한 스케일의 방지를 위해서는 연수기를 설치해야 하며 꾸준히 필터관리에 신경을 써야 한다.

제2편

그라인더

Chapter 1

그라인더의 외부명칭과
그라인더 날의 분류

그라인더는 원두를 일정한 굵기로 분쇄하고 원하는 양만큼 담아내는 역할을 하는 장비이다. 그라인더와 커피머신은 실과 바늘 같은 존재로 어느 하나만으로는 완전한 역할을 수행하기 어렵다.

에스프레소 뿐만 아니라 그 어떤 추출 방법이든지 커피 음료를 추출할 때 원두상태 그대로 추출하지 않고 원하는 굵기로 분쇄하는데 이는 커피 음료의 결과물에 큰 영향을 준다.

많은 사람들이 훌륭한 에스프레소 음료를 위해 훌륭한 커피머신이 필요하다고 생각하면서 정작 그라인더가 가지는 비중은 간과해 버리는 경우가 있다.

그라인더는 에스프레소 결과물에 직접적이고 중대한 역할을 하며 그라인더 설정 능력은 흔히 말하는 커피메이커와 커피바리스타를 구분 짓는 기준으로 여겨지기도 한다.

그라인더의 구조는 커피머신에 비해 단순할 뿐 아니라 역할 자체도 심플하다 할 수 있지만 에스프레소의 결과물에는 지대한 영향을 미치며 그라인더를 잘 다루는 커피 바리스타는 훌륭한 에스프레소를 만들어낼 준비가 되어 있다고까지 말할 수 있다.

따라서 그라인더를 이해하고 분쇄도를 설정하는 능력은 엔지니어만의 영역이 아니라 커피바리스타가 반드시 습득할 필요가 있는 영역이다.

1. 그라인더의 외부 명칭

◼ 수동 그라인더의 외부 명칭

① ① 호퍼

② ② 호퍼게이트

③ ③ 입자 조절 레버

④ ④ 도저

⑤ ⑤ 레귤레이터 노브
     (배출량 조절 노브)

⑥ ⑥ 도저 레버

⑦ ⑦ 스위치

⑧ ⑧ 서포트 포크

■ 자동 그라인더의 외부 명칭

① ──────── ① 호퍼

② ──────── ② 호퍼게이트

③ ──────── ③ 입자 조절 레버

④ ──────── ④ 메인 화면

⑤ ──────── ⑤ 원두 추출구

⑥ ──────── ⑥ 스위치

⑦ ──────── ⑦ 서포트 포크

① 호퍼

분쇄되기 전의 원두를 담아두는 통이다. 리드(뚜껑)은 항상 덮어두도록 하고, 원두에서 배어나오는 오일이 새로 채워지는 원두로 오염되지 않도록 호퍼는 자주 씻어주는 것이 좋다.

② 호퍼게이트

호퍼에서 그라인더 날(Burr)로 원두가 이동하는 것을 열고 닫는 게이트이다.

호퍼에 원두가 담겨있는 상태에서 그라인더와 호퍼를 분리하고자 할 때 게이트를 닫고 분리하여 호퍼 내부의 원두가 쏟아져 나오지 않도록 하는 역할을 한다.

③ 입자 조절 레버

원두의 굵기를 조절하는 레버이다. 굵기 조절을 통해 에스프레소 추출 속도를 적절히 제어하도록 하며, 보통 표시된 숫자가 커지면 굵기도 커지고 작아지면 굵기도 작아진다.

④ 도저

분쇄된 원두가 일시적으로 담기는 곳으로 도저 내부의 핀을 조절하여 연속 추출시에 일정한 양으로 도징할 수 있도록 도와준다.

⑤ 도저 레버

도저에 담긴 분쇄된 원두가 아래로 쏟아져 나오도록 하는
레버이다. 앞으로 당기면 내부의 디바이드 스타가 회전하면서
내부의 분쇄된 원두를 밀어낸다.

⑥ 레귤레이터 노브

도저 내부에 일정량 이상의 분쇄된 원두가 담겨 있을 때
레귤레이터 노브를 조절하여 도저 레버를 한 번 당길 때마다
배출되는 원두의 양을 조절하는 장치이다.

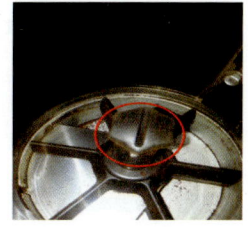

⑦ 포타필터 서포트 포크

도징시에 포타필터를 얹어서 거치할 수 있는 장치이다.

⑧ 스위치

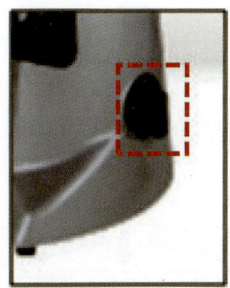

그라인더를 켜고 끄는 장치이다.

⑨ 트레이

포타필터에서 떨어지는 물이나 도저에서 떨어지는 원두를 받아내는 장치이다.

⑩ 모터

그라인더 날을 회전시키는 역할을 하는 장치로서 전기모터는 순간적으로 큰 힘과 빠른 속도가 필요함으로 기동콘덴서와 결합되어 구동된다.

모터 구동시에 발생되는 열은 되도록 적은 것이 좋은데 장시간 사용 시에 그라인더 날과 원두에 영향을 미치지 않도록 냉각팬이 달려있는 경우도 있다.

⑪ 그라인더 날(Burr)

그라인더 날은 그라인더의 핵심부품으로 원두를 고르게 분쇄하는 역할을 한다.

보통 아랫날은 모터와 연결되어 회전하고 윗날은 고정되어 두 개의 날이 한 조로 운영된다. 따라서 위아래 간격을 조절하여 분쇄 굵기 조정이 가능하다.

2. 그라인더 날의 분류

그라인더는 날(Burr)의 형태에 따라 구분하게 되는데 매장에서 사용되는 형식은 크게 플랫 버(Flat Burr)와 코니컬 버(Konical Burr) 두 가지 형태로 나뉜다.

① 플랫 버 (Flat Burr)

납작하고 평평한 도너츠 모양의 날로서 가장 보편적으로 사용된다. 위와 아랫날의 모양이 동일하고 지름 사이즈와 재질이 다양하다.

높은 토크와 속도의 모터를 필요로 하고 구조적으로 장시간 사용 시에 모터와 날 모두 열이 발생한다. 이를 억제하기 위해서 냉각 팬이 달려 있거나 날의 지름이 큰 그라인더를 선택하는 것이 유리하다.

플랫 버는 고속회전과 날의 구조적 형태 덕분에 대체로 균일한 입자의 결과물을 낸다.

② 코니컬 버 (Conical Burr)

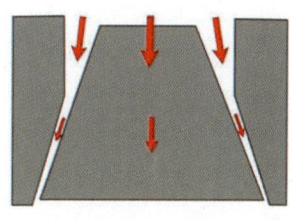

회전하는 아랫날은 원뿔 모양이고 고정된 윗날은 파이프 모양의 날이다. 플랫 버에 비해 저속으로 회전하고 구조적으로 큰 힘의 토크가 필요하지 않다.

그렇기 때문에 모터와 날에 발생되는 열과 마모가 적어서 분쇄된 원두의 향미 보전에 유리하고 그라인더 사용량이 많은 매장에 유리하다.

코니컬 버는 미세한 입자조절이 어렵고 플렛버보다 그라인딩 결과물이 균일하지 못하다.

3. 그라인더의 재질에 따른 특성

① 스틸 재질

가장 보편적으로 사용되는 재질이며 비교적 저렴한 비용으로 제작이 가능하다. 가공이 용이한 장점이 있는 반면 마모와 열 발생에 취약하다는 단점이 있다.

② 세라믹 재질

전자동 머신에서 흔히 사용되며, 열에 의한 영향이 적다는 장점이 있지만 충격과 크랙으로 인해 작은 부분의 파손이 전체 손상으로 이어질 수 있다는 단점이 있다.

③ 티타늄 재질

스틸에 티타늄 코팅을 한 날을 말한다. 고가의 재질을 사용함으로써 비용이 높아지는 단점이 있지만 티타늄의 특성으로 인체에 유해한 독성을 발생시키지 않고 열 발생의 영향이 적으며 스틸보다 월등한 사용량이 장점이다.(일반 스틸 날의 약 5배 수명)

Chapter 2

커피머신과 그라인더의 설정

커피머신과 그라인더 설정은 곧 에스프레소의 설정이라고 말할 수 있다. 왜냐하면 커피머신과 그라인더의 설정으로 에스프레소의 결과물이 달라지기 때문이다.

먼저 커피머신의 설정은 여러 가지 요인으로 인해 바뀔 수 있으므로 수시로 확인하고 보정해 주어야 균일한 추출 결과를 기대할 수 있다.

그리고 그라인더를 설정할 때 혹은 추출 속도의 변화로 그라인더 설정을 보정하기 전에 커피머신의 설정을 확인할 필요가 있다.

1. 커피머신 설정의 우선순위

커피머신 설정은 매일 영업 시작 전 시행할 것을 권장하며 커피머신 설정에 우선순위를 두는 이유는 그라인더 설정 이외에도 에스프레소 추출 속도를 변화시키는 요인들이 많기 때문이다.

먼저 커피머신과 그라인더를 설정하기 전에 다음의 사항부터 확인하는 것이 좋다.

① 커피머신의 그룹과 그라인더는 세척되었는가?

- 관능평가를 위한 것이 아니며 매장의 영업 중 즉시 보정을 해야 한다면 생략한다.

② 펌프의 압력은 정상수치인가?

- 일반적인 수치는 9bar이며 추출 버튼을 누른 후 표시되는 펌프 압력게이지의 수치를 확인한다.

③ 추출수의 온도는 정상수치인가?

- 일체형의 경우는 보일러 압력 게이지를, 독립형이나 추출수 표시기가 있는 경우에는 표시 수치를 확인한다.

④ 도징량은 적절한가?

- 필터 바스켓에 맞는 도징량인지 저울을 이용해 확인한다.

⑤ 분쇄 굵기는 적절한가?

- 추출 속도의 이상이 확인되었을 경우 굵기를 조절하기 전에 위 사항을 먼저 확인한다.

2. 커피머신의 설정과 추출속도 변화 요인

① 펌프 압력의 변화

- 압력이 높아지면 추출이 빨라지고 압력이 낮아지면 추출이 느려진다.

② 추출수 온도의 변화

- 추출수의 온도가 높아지면 추출이 느려지고 추출수의 온도가 낮아지면 추출이 빨라진다.

③ 도징량의 변화

- 도징량이 많아지면 추출이 느려지고 도징량이 적어지면 추출이 빨라진다.

④ 분쇄 굵기의 변화

- 분쇄 굵기가 굵어지면 추출이 빨라지고 분쇄 굵기가 가늘면 추출이 느려진다.

3. 커피머신과 그라인더 설정 이외의 추출속도 변화 요인

① 원두의 로스팅 정도

- 강배전일수록 추출이 느려지고 약배전일수록 추출이 빨라진다.

② 원두의 숙성 정도

- 신선할수록 추출이 느려지고 오래될수록 추출이 빨라진다.

4. 탬핑

일반적으로 알려진 것과 달리 탬핑의 압력은 추출속도에 영향을 주지 않는다. 이것을 이해하기 위해서는 1bar의 개념에 대해 이해할 필요가 있는데 1bar는 $1cm^2$ 당 1kg의 힘이 가해지는 것이다. 따라서 몇 mm의 바스켓을 사용하더라도 원두가 받는 압력은 200kg의 힘이 훌쩍 넘어간다. 그러므로 사람의 힘으로 탬핑을 할 때 이보다 더 강할 수는 없을 것이다.

제조사가 권장하는 필터 바스켓과 도징량으로 추출할 때 탬핑의 압력으로 추출 속도에 변화가 생기는 커피머신은 일부의 머신에 불과하다. 따라서 탬핑의 압력에 따른 추출 속도의 변화는 여기에서 제외하도록 하겠다.

5. 그라인더의 설정

커피머신의 설정과 원두의 상태에 따라 추출속도가 변하는 것을 염두해 두고 커피머신 설정을 우선적으로 완료한 후 커피머신에 맞는 도징과 원두에 맞는 추출을 이해하고 그라인더 설정을 실시하도록 한다.

- 먼저 사용할 필터 바스켓의 용량을 확인한다.
- 저울에 빈 포타필터를 올려두고 영점(0점)을 잡은 후 포타필터에 원두를 담는다.
- 미세 저울을 이용하여 필터 바스켓에 맞는 양을 확인한다.
- 샷 글라스와 타이머를 이용하여 추출속도를 확인한다.
- 추출속도가 맞지 않다면 그라인더 입도를 조금씩 조절한다.

추출속도가 빠르다면 그라인더 입자조절 레버를 이용하여 굵기 수치를 낮추고(가늘게) 추출속도가 느리다면 그라인더 입자조절 레버를 이용하여 굵기 수치를 높게(굵게) 조절한다.

이때 주의할 점은 그라인더 굵기 조절은 한 번에 조금씩(한 칸씩 혹은 한 눈금씩) 조절해야 하고 한 번 조절한 후에는 그라인더를 작동하여 먼저 분쇄되어 고여 있는(굵기가 다른) 원두를 밀어내도록 해야 하며, 원하는 추출속도가 될 때까지 이를 반복한다.

마침내 적절한 굵기가 되었다면 분쇄된 원두를 손끝으로 문질러 만져보며 감각을 기억하도록 하는 것이 좋은데, 아마도 흰 설탕보다는 가늘고 밀가루 보다는 굵은 혹은 두 가지 느낌이 동시에 느껴지는 굵기일 것이다.

이것을 기억해두면 분쇄 굵기의 조절을 빠르게 할 수 있고 원두의 손실도 최소한으로 줄일 수 있을 것이다.

그라인더를 원하는 추출속도로 설정했다 하더라도 에스프레소의 추출속도는 원두의 숙성정도, 로스팅 정도, 온도와 습도와 같은 주변 환경, 날씨와 계절의 변화, 그라인더의 상태 등 여러 가지 상황에 의해 변한다.

그렇기 때문에 그라인더 굵기 조절은 한 번만으로 끝나는 것이 아니라 변화에 맞춰 조절을 다시 해 주어야 한다.

에스프레소 추출을 잘 관찰하고 그라인더 굵기 조절을 상황 변화에 맞게 재조정하여 에스프레소 추출속도가 일정하게 유지되도록 관리하기 위해 그라인더 굵기 조절은 커피바리스타가 반드시 습득해야 하는 기술이다.

6. 도저의 설정 (도저 배출량 설정)

도저의 본래 목적은 도저레버를 한 번 당길 때마다 일정한 양이 배출되도록 설정하여 연속 추출 시에도 빠르고 정확한 양으로 도징하기 위한 장치이다.

그래서 아래와 같이 도저의 배출량 설정 방법을 익혀두면 감각에 의존하지 않고 매번 일정한 양의 도징이 가능하고 매장의 러시타임(연속 추출시)에 작업 효율을 향상시키는데 도움이 될 것이다.

① 도저설정 전에 그라인더 굵기 설정을 확인한다.

② 도저의 1/3 혹은 클로징 섹터 높이를 초과하는 양의 원두를 분쇄한다.

③ 서포트 포크 위에 도저리드를 올려놓고 도저레버를 당겨 분쇄원두 일부를 배출시킨다.

④ 배출한 분쇄 원두를 다시 도저 안으로 담는다.

⑤ 도저 내부의 분쇄 원두가 어느 정도 수평이 되도록 ③과 ④를 3~4번 반복한다.
　(분쇄된 원두가 한쪽으로만 쌓이지 않고 골고루 분포되도록 하기 위함이다.)

⑥ 미세 저울위에 도저리드 혹은 계량할 용기를 올려놓고 영점(0점)을 맞춘다.

⑦ 서포트 포크 위에 도저리드를 올려놓고 도저레버를 한 번 당긴다.

⑧ 배출된 분쇄 원두를 계량한다.

⑨ 레귤레이터 노브를 조절하여 원하는 양으로 조절한다.
　(배출된 원두가 원하는 양보다 많으면 레귤레이터 노브를 시계 방향으로 조금씩 조절하고, 원하는 양보다 적으면 레귤레이터 노브를 반시계 방향으로 조금씩 조절한다.)

⑩ 원하는 양이 배출될 때 까지 반복한다.

예를 들어 16g 바스켓이라면 8g으로 설정하여 한 번 당기면 싱글바스켓, 두 번 당기면 더블바스켓이 되도록 설정할 수 있다.

그리고 도저레버를 당길 때는 끝까지 당기고 레버가 스프링의 힘으로 복귀될 때는 끝까지 복귀시킨다. 레버를 END to END로 조작하지 않으면 내부의 디바이드 스타가 회전하지 않아서 정확한 세팅이 되지 않는다.

7. 도저 내부의 이해

그라인딩의 굵기만큼이나 적정량을 담는 도징도 추출속도와 에스프레소 결과물에 중요한 영향을 미침으로 적절한 도징을 하기 위해 도저의 구조를 알아보자.

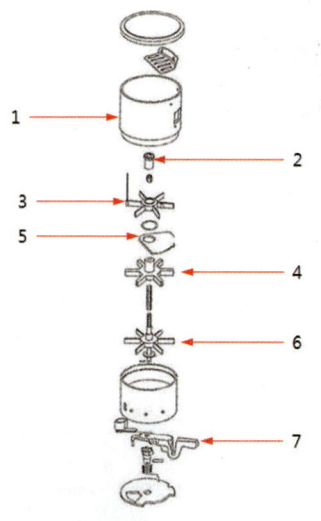

① 도저 실린더

② 레귤레이터 노브

③ 상부 디바이드 스타

④ 중간 디바이드 스타

⑤ 클로징 섹터(디바이드 블라인드)

⑥ 하부 디바이드 스타

⑦ 도저레버

【도저의 구조도】

① 도저 실린더

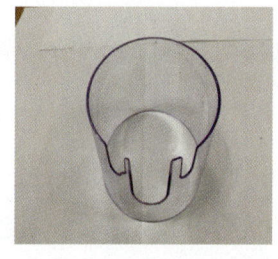  

분쇄된 원두가 머무르는 공간으로 투명한 플라스틱으로 제작하여 내부가 보이게 되어 있다.

② 레귤레이터 노브

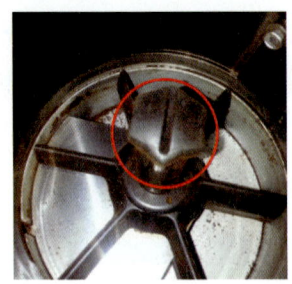

　　노브를 돌림으로서 중간, 상부 디바이드 스타가 상하로 이동하면서 배출하는 분쇄
원두의 양을 조절한다.

③ 디바이드 스타

【상부】　　　　　　　　　　　　　　　【하부】

　　여섯 칸으로 분할되어 설정한 양만큼 분쇄 원두가 고여 있게 되고, 도저레버를 당기면
회전하면서 도저 밖으로 분쇄 원두를 밀어낸다.

　　디바이드 스타는 배출되는 양을 설정할 수 있을 뿐만 아니라 분쇄된 원두를 밀어내는
역할을 한다. 때문에 일정한 양을 배출할 수 있도록 회전하더라도 항상 같은 상태의
위치를 유지한다.

④ 클로징 섹터 (디바이드 블레이드)

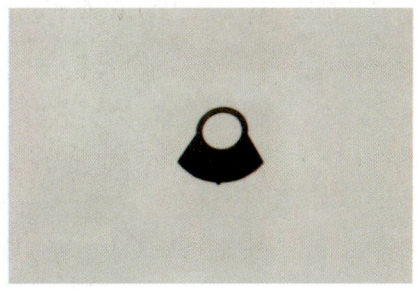

디바이드 스타의 높이로 설정된 양만큼만 분쇄 원두를 배출하기 위해 디바이드 스타의 상부를 닫아버리는 역할을 한다.

⑤ 도저레버

도저레버는 결국 디바이드 스타를 회전시킴으로 해서 분쇄 원두를 배출시키는 장치이다. 초보 바리스타들이 도징 방법을 익힐 때 흔히 도저레버의 조작방법에 어려움을 느낀다.

왜냐하면 디바이드 스타는 한 칸씩 회전한다는 사실을 이해하지 못하는 것이다. 따라서 디바이드 스타를 반 칸만 혹은 조금씩 이동시키는 것은 도저의 설계된 조작법이 아니며 이러한 조작법은 신뢰성이 없다.

8. 그라인더의 분해와 청소

그라인더 외부 청소시에는 모터와 날의 회전에 직접적인 영향을 받지 않기 때문에 전원을 끄지 않아도 상관없지만, 스위치를 잘못 건드려 그라인더가 작동하지 않도록 유의해야 한다.

그래서 가급적 외부 청소를 하더라도 전원 플러그를 뽑을 것을 권장하며 내부 청소시에는 반드시 전원 플러그를 뽑고 작업해야 한다.

■ 호퍼의 분리와 청소

① 호퍼게이트를 닫는다.
② 호퍼와 본체가 결합된 너트를 풀어낸다.
③ 호퍼를 본체에서 분리하고 굵기 조절 디스크에 고여 있는 원두를 덜어낸다.
④ 호퍼를 비우고 세제를 이용하여 씻는다.
⑤ 완전히 마른 후에 다시 장착한다.

■ 도저의 분리와 청소

① 브러시를 이용하여 고여 있는 분쇄 원두를 털어낸다.
② 레귤레이터 노브를 반시계 방향으로 돌려서 풀어낸다.
③ 상부 디바이드 스타를 빼낸다(스프링이 분실되지 않도록 주의한다.).
④ 하부 디바이드 스타는 빼내지 않도록 한다.
⑤ 짧은 드라이버를 이용해서 도저 실린더와 본체를 결합하는 볼트를 풀어낸다.
⑥ 도저 실린더를 분리한다.
⑦ 브러시와 행주를 이용하여 도저를 닦는다.
⑧ 디바이드 스타와 도저 실린더는 세제를 이용하여 세척할 수 있는데, 이때는 완전히 건조시킨 후에 조립하도록 한다.

■ 그라인더 내부 청소

그라인더 내부 청소시에는 모터와 칼날이 큰 힘으로 고속 회전할 수 있어 안전을 위해 반드시 작업 시작 전에 가장 먼저 전원 플러그를 뽑도록 한다.

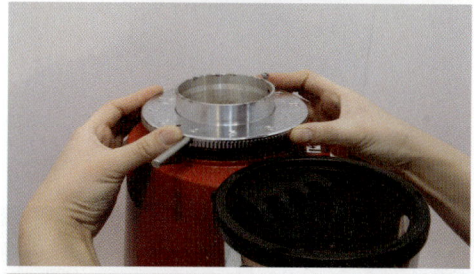

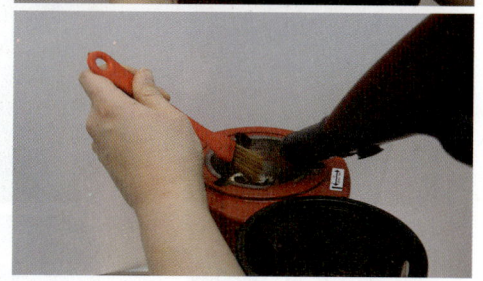

① 먼저 호퍼게이트를 닫고 호퍼와 본체를 분리한다.(호퍼를 고정하는 볼트가 있다면 풀어낸다.)

② 굵기 조절 디스크에 고여 있는 원두를 덜어낸다.

③ 굵기 조절 디스크를 숫자가 커지는 방향으로 돌려서 풀어내고 내부 원통도 분리한다.[고정 핀이 있는 경우 해제하고 디스크를 돌려 풀어낸다. 풀어내는 방향은 대부분 반시계 방향이지만 그라인더의(GROSSO - 굵게, FINE - 가늘게) 방향을 확인하고 풀도록 한다.]

④ 청소기를 이용하여 그라인더에 고여 있는 원두를 제거한다.

⑤ 브러시나 필요한 경우 송곳을 이용하여 원두 잔여물을 제거한다.

⑥ 볼트를 제거하여 굵기 조절 디스크에서 상부 날을 분리한다.

⑦ 긴 드라이버를 이용하여 하부 날이 회전하지 않도록 하부 날 홀더날개를 받치고

볼트를 제거하여 하부 날을 제거한다.

⑧ 브러시와 행주를 이용하여 깨끗이 닦는다.

그라인더 날과 결합부 사이의 분쇄 원두 잔여물과 내부 곳곳에 경화된 원두는 그라인더 작동시에 밀려나오지 않고 계속해서 고여 있게 되고, 미분은 계속 경화되어 산패된다.

그라인더 날이 자리 잡고 있는 내부는 분해를 하지 않으면 청소가 되지 않으므로 정기적으로 분해하여 청소하도록 한다.

■ 그라인더 날의 청소

① 고정나사를 풀고 호퍼통을 분리한다.

② 남아있는 원두는 완전히 제거한다.

③ 고정 핀을 누른 상태에서 분쇄 입자 조절레버를 시계방향으로 돌려 윗날을 분리한다.

④ 청소용 붓으로 윗날, 아랫날, 스프링에 끼어있는 찌꺼기를 청소한다.

⑤ 역순으로 재조립 한다.(조립할 때는 윗날과 아랫날의 나사산을 정확히 맞춰야 한다.)

■ 그라인더 날의 교체

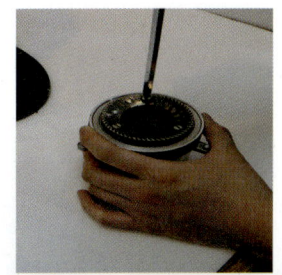

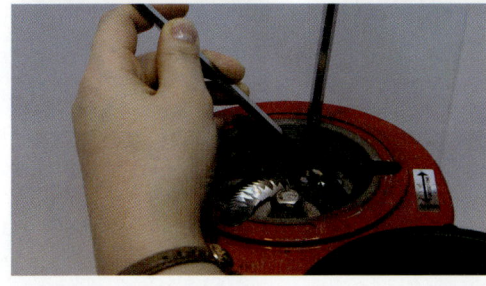

그라인더 날은 소모품이며 날이 마모되면 굵기가 일정하지 않고 미분이 많아짐으로 설정이 유지되지 않는다.

그렇게 되면 에스프레소 결과물에 직접적인 영향을 미치게 됨으로 일정량을 사용한 후 혹은 날의 마모시에는 분해하여 교체할 것을 권한다.

과거, 스틸 재질의 64mm 플랫 버의 경우 800kg 주기로 교체하는 것을 권장하였으나 현재는 400kg 주기로 교체하는 것을 권하고 있다. 이는 강배전보다 중배전 혹은 약배전의 원두를 사용하는 비중이 커졌기 때문이며 상대적으로 더 단단한 원두를 분쇄함으로 인해 마모의 정도가 더 빨라졌기 때문이다.

보편적으로 사용하는 플랫 버의 경우 모터의 열기나 사용시의 마찰열이 누적되면 날이 빨리 마모된다. 그러므로 가능하다면 연속 사용보다는 날이 냉각되도록 시간 간격을 두고 사용하는 것이 좋다.

날의 마모 여부는 직접 확인하고 교체하도록 하되, 원두 사용량의 확인과 동시에 그라인더 내부를 청소할 때 날에 원두를 긁어보아서 남은 수명을 점검하면 된다.(그라인더 날에 원두를 긁어서 원두가 깎이면 상태가 좋은 것이고 밀리기만 한다면 교체하도록 한다.)

■ 도저레버 스프링 교환 방법

① 먼저 육각 렌치를 이용해 나사를 풀어준다.
② 도저레버를 살짝 앞으로 당긴 상태에서 도저 받침을 분리한다.
③ 스프링을 도저레버와 원두 추출구 사이에 끼워 넣는다.
④ 분해의 역순으로 다시 조립한다.

제3편

고장 및 확인

Chapter 1
커피머신의 고장 및 확인

1. 커피머신이 작동하지 않는다.

- 커피머신의 스위치가 켜져 있는지 우선 확인한다.
- 커피머신과 연결된 누전/과부하 차단기를 확인한다.
- ※ 커피머신은 물과 전기를 함께 사용하므로 안전을 위해 전기의 공급이 정상이라면 임의로 분해하거나 전기관련 부품을 분해 . 조작하지 않도록 하여 안전사고를 예방한다.
- ※ 커피머신 설치 시 전기설비는 반드시 적절한 용량으로 단독 사용하도록 준비한다.

2. 추출 버튼을 눌렀을 때 펌프에서 굉음이 발생

- 급수를 확인한다.
- 정수기 밸브확인, 급수라인이 꼬이거나 접혀서 흐름을 방해하는지 확인한다.
- 급수에 이상이 없다면 펌프헤드를 분해하여 이물질을 확인한다.(A/S를 요청하는 것이 좋다.)
- ※ 커피머신 설치 시 급수라인은 멀지 않은 거리에서 단독으로 사용하도록 한다.

3. 에스프레소가 추출되지 않는다.

- 원두의 투입량이 과다하지 않는지 확인한다.
- 원두의 분쇄 굵기를 확인한다.
- 포타필터에 장착된 바스켓이 블라인드 필터가 아닌지 확인한다.
- ※ 위 세 가지 경우에는 추출버튼 램프가 깜박거린다.

4. 추출버튼 전체의 램프가 깜박거린다.

- 보일러의 수위가 채워지지 않은 경우임으로 급수, 정수기 밸브, 급수라인이 꼬이지 않았는지 확인한다.

5. 에스프레소 추출량을 설정하였으나 일정한 추출이 되지 않는다.

- 플로우 메터의 불량을 확인한다.
- 추출버튼을 누르고 추출수가 나오면 플로우 메터 상부의 LED 램프 점멸을 확인한다.
- 분해하여 확인한다.(A/S를 요청하는 것이 좋다.)

6. 추출 시 포타필터 주변으로 물이 흐른다.

- 그룹헤드 개스킷의 상태를 확인하고 교체하도록 한다.

7. 더블 바스켓을 사용하여 추출 시 에스프레소가 반복하여 한 쪽으로만 흐른다.

- 수평자를 이용하여 커피머신의 수평을 확인한다.
- 커피머신을 지탱하고 있는 바닥이 변화가 없는지 확인한다.

8. 에스프레소의 크레마가 발생하지 않거나 너무 적다.

- 분쇄 원두의 굵기가 너무 굵지 않은지 확인한다.
- 에스프레소 보일러가 충분히 가열되었는지 확인한다.
- 추출수 온도를 확인한다.

9. 필터 바스켓이 쉽게 빠진다.

- 필터 스프링을 조절하거나 교체한다.

10. 커피머신 아래로 물이 흐른다.

- 드립 트레이로 부은 물이 드레인 박스로 가지 못하고 옆으로 넘친 것은 아닌지 확인한다.
- 드립 트레이를 제거하고 드레인 박스의 배수가 정상인지 확인한다.
- 커피머신 내부의 누수를 점검한다.(위 두 가지 이외의 경우는 A/S를 요청하는 것이 좋다.)

11. 머신에서 "쉭~" 하는 소리가 난다.

- 먼저 보일러 압력게이지를 확인하여 1.7bar 이상이라면 과압 방지밸브를 확인한다. 보일러 압력이 정상이라도 압력밸브의 노화 혹은 이물질로 인해 밸브가 누증될 수 있는데 보일러 압력밸브가 조금씩 누증되는 경우에는 컵워머 위로 증기가 올라온다. 만약 컵워머 위에 올려놓은 컵에 물이 맺힌다면 이때는 즉시 A/S를 요청하여 조치하도록 한다.
- 스팀밸브 혹은 스팀밸브의 개스킷의 노화로 인한 누증도 확인해 본다.

12 온수의 배출이 처음 상태 보다 뜨겁게 나온다.

- 보일러 수위 게이지가 낮지 않은지 확인한다.
- 압력 스위치의 설정을 변경한다.(가급적 A/S를 요청하여 설정한다.)

Chapter 2

그라인더의 고장 및 확인

1. 그라인더가 작동하지 않는다.

- 아무 소리도 나지 않는 경우 전원과 누전/과부하 차단기를 확인한다.
- "웅~" 하는 소리는 나지만 작동하지 않는 경우 그라인더 날의 간격이 너무 좁지 않은지 확인한다.(너무 가늘게 설정하였거나 조절 단계를 한꺼번에 조절한 것은 아닌지 확인하고 간격을 풀고 작동시켜 본다.)
- 그라인더 내부의 이물질이 끼어있지 않은지 확인한다.
- 기동콘덴서의 불량을 확인한다.(A/S를 요청하는 것이 좋다.)

2. 모터가 회전하지만 원두가 분쇄되지 않는다.

- 호퍼 게이트가 닫혀있지 않은지 확인한다.
- 분쇄 원두 배출구 라인의 청소 여부를 확인한다.

3. 도저레버가 복귀되지 않는다.

- 도저레버 스프링이 부러졌는지 확인한다.(A/S를 요청하는 것이 좋다.)

4. 분쇄조절 디스크의 조절이 너무 뻑뻑하다.

- 분쇄조절 디스크의 나사산과 본체의 나사산 사이에 커피가루가 끼어있는지 확인하고 청소한다. 그리스(Grease)에 커피가루가 달라붙어 덩어리지는 경우가 있으므로 그리스를 너무 많이 사용하지 않는다.

제**4**편

기출문제

01. 에스프레소 머신의 발전 단계를 순서대로 표기한 것은?

> **보 기**
>
> 가. 증기압   나. 진공추출
>
> 다. 피스톤   라. 전동펌프

① 가 → 나 → 다 → 라   ② 나 → 가 → 다 → 라

③ 다 → 라 → 가 → 나   ④ 라 → 가 → 나 → 다

⑤ 다 → 나 → 가 → 라

02. 1901년 이탈리아 밀라노에서 증기압을 이용하여 처음으로 머신을 개발해 발표하고 특허를 취득한 사람은 누구인가?

① 데지데리오 파보니(Desiderio Pavoni)

② 카를로 발렌테(Carlo Valante)

③ 아킬레 가찌아(Achille Gaggia)

④ 루이지 베제라(Luigi Bezzera)

⑤ 달라 코르테(Dalla Corte)

03. 커피기계의 설치 시 접지를 연결해야 하는 이유와 가장 거리가 먼 것은?

① 잔류 전류를 흘려보내기 위해   ② 기계의 고장 원인을 제거하기 위해

③ 감전 사고를 예방하기 위해   ④ 기계의 수명을 늘려주기 위해

⑤ 기계의 소음을 감소시키기 위해

정답   **01.** ②   **02.** ④   **03.** ⑤

04. 커피머신의 내부 구조 중 과수압 방지 밸브의 역할로 올바른 것은?

① 손잡이를 돌리면 스팀이 나온다.
② 공급되는 수압이 일정 수치를 넘어가는 것을 방지한다.
③ 보일러의 물을 데우는 역할을 한다.
④ 추출 시 물의 양을 감지해 준다.
⑤ 보일러의 공기를 빼 준다.

05. 커피기계 종류의 장단점을 설명한 것 중 바르지 않은 것은?

① 반자동 에스프레소 머신 : 그라인더와 커피기계가 분리되어 있어 원두가 열의 영향을 적게 받아 양질의 커피추출이 가능하다.
② 반자동 에스프레소 머신 : 바리스타의 능력에 따라 다양한 에스프레소 커피의 맛을 추구할 수 있다.
③ 반자동 에스프레소 머신 : 장비에 대한 이해와 다루는 전문적인 기술이 필요하다.
④ 전자동 에스프레소 머신 : 사용이 빈번한 장소에서 여러 사람이 각자 추출해도 비슷한 맛의 커피 추출이 가능하다.
⑤ 전자동 에스프레소 머신 : 디지털 기술이 적용되어 비용이 저렴하고 잔고장이 거의 없다.

06. 스팀 보일러에 일정량의 물을 유지시켜주는 부품은 무엇인가?

① 플로우 메터 (Flow Meter)
② 수위 감지봉 (Level Probe)
③ 역류 방지 밸브 (Check Valve)
④ 과수압 방지 밸브 (Non Return Valve)
⑤ 히터 (Heater)

정답   **04.** ②   **05.** ⑤   **06.** ②

07. 온수 전자 밸브에 대한 설명으로 가장 거리가 먼 것은?

① 코일의 전기 용량은 9W를 사용한다.

② 코일은 24V와 220V를 사용한다.

③ 보일러 수위 감지 센서에 의해 작동한다.

④ 2극 전자 밸브이다.

⑤ OFF시 차단 할 수 있는 압력은 10~11bar 정도이다.

08. 220v의 전압에 5kW의 커피기계를 사용 시 차단기로 가장 적합한 전류의 양은 얼마인가?

① 5 A   ② 10 A

③ 15 A   ④ 20 A

⑤ 30 A

09. 펌프모터에 관한 설명으로 가장 거리가 먼 것은?

① 콘덴서에 의해 작동한다.

② 에스프레소 추출 시 압을 걸어준다.

③ 수압에 영향을 받지 않고 작동한다.

④ 수시로 확인을 해 주는 것이 좋다.

⑤ 코일에 의해 작동한다.

10. 포타필터를 장착하는 커피머신 구조의 명칭으로 올바른 곳은?

① 그룹헤드   ② 개스킷

③ 도징   ④ 넉 박스

⑤ 샤워홀더

---

11. 독립형 보일러의 개발 목적을 설명한 것 중 가장 연관성이 없는 것은?

① 볶음 정도가 바뀌어서

② 아라비카의 비중이 높아짐으로

③ 쓴 맛을 줄이기 위해

④ 추출을 빠르게 하기 위해

⑤ 그룹별로 온도 설정을 하기 위해

12. 그라인더(Grinder)에 적절한 굵기의 커피를 분쇄하여 배출 레버의 움직임에 의해 일정한 양의 커피가 배출되도록 하는 동작을 무엇이라 하는가?

① 그라인딩(Grinding)

② 태핑(Tapping)

③ 팩킹(Packing)

④ 도징(Dosing)

⑤ 탬핑(Tamping)

13. 커피 기계를 사용하여 커피를 추출할 때 너무 천천히 추출이 되었다. 이와 같은 현상이 나타날 수 있는 원인과 가장 거리가 먼 것은?

① 원두 분쇄입자가 너무 굵은 경우

② 펌프모터가 불량일 경우

③ 원두 분쇄 입자가 너무 가는 경우

④ 샤워필터가 막혀 있는 경우

⑤ 추출압력이 비정상적으로 낮은 경우

정답 **11.** ④   **12.** ④   **13.** ①

14. 휘핑기를 이용하면 다양한 메뉴의 음료를 만들 수 있다. 다음 중 휘핑크림에 대한 설명으로 바르지 못한 것은?

① 카페모카, 에스프레소 콘파냐 등을 만들 때 사용한다.

② 맛을 내기 위해 사용하지만 시각적인 즐거움을 주기 위해 사용하기도 한다.

③ 휘핑크림의 재료는 우유이며 질소가스와 우유와의 혼합물로 사용한다.

④ 제품 위에 휘핑크림을 올린 후 다양한 재료 및 데코레이션을 이용하여 더 좋은 시각적 효과를 줄 수 있다.

⑤ 휘핑크림은 상온에 보관하면 녹기 때문에 바로 사용하지 않을 경우 냉장 보관해야 한다.

15. 다음 중 일반적으로 사용되는 스팀피처의 재질로 가장 알맞은 것은?

① 스테인리스

② 도자기

③ 동

④ 알루미늄

⑤ 강철

정답 **14.** ③   **15.** ①

기출문제 2

01. 1901년 이탈리아 밀라노에서 증기압을 이용하여 처음으로 머신을 개발해 발표하고 특허를 취득한 사람은 누구인가?

① 루이지 베제라(Luigi Bezzera)

② 아킬레 가찌아(Achille Gaggia)

③ 데지데리오 파보니(Desiderio Pavoni)

④ 달라 코르테(Dalla Corte)

⑤ 주세페 밤비 (Giuseppe Bambi)

02. 다음 에스프레소 기계 중에서 전자동 에스프레소 기계의 장점으로만 묶인 것은?

> **보 기**
>
> 가. 커피를 추출하기 쉽다.
>
> 나. 설치공간이 적게 필요하다.
>
> 다. 뽑는 사람에 따라 맛이 모두 다르기 때문에 다양한 메뉴가 가능하다.
>
> 라. 기계적 구조가 단순하여 잔고장이 적다.

① 가, 나   ② 가, 다

③ 나, 다   ④ 나, 라

⑤ 다, 라

03. 정수기에 대한 설명으로 거리가 먼 것은?

① 무조건 3개월 마다 필터를 교환해야 한다.

② 이물질을 제거한다.

③ 물속에 들어있는 소독약 냄새를 제거한다.

④ 녹물을 제거한다.

⑤ 정수기는 물을 최적의 상태로 정화시킨다.

정답   **01.** ①   **02.** ①   **03.** ①

04. 지하수를 에스프레소 기계에 직접 연결해 사용하려고 한다. 이때 다음 중 기계에 치명적인 무기질은?

① 철   ② 칼슘

③ 인   ④ 납

⑤ 규소

05. 커피머신으로 추출된 에스프레소에서 찌든 향이 나는 경우 문제점으로 가장 알맞은 것은?

① 샤워 홀더의 청소 불량

② 개스킷의 청소 불량

③ 잔 예열에서 온도가 부족

④ 스팀밸브의 청소 불량

⑤ 드립 트레이의 청소 불량

06. 커피 추출 시 펌프에 압력이 걸리지 않는 원인을 설명한 것 중 거리가 먼 것은?

① 콘덴서가 불량일 때

② 펌프 헤드가 불량일 때

③ 입자가 너무 굵을 때

④ 전압이 낮을 때

⑤ 모터가 불량일 때

07. 다음 중 에스프레소 기계에서 개스킷의 역할에 대한 설명으로 가장 알맞은 것은?

① 필터홀더에 커피를 담아 눌러줄 때 사용하는 역할을 한다.

② 원두를 분쇄하는 역할을 한다.

③ 추출할 때 고온·고압의 물이 새지 않도록 차단하는 역할을 한다.

④ 바스켓 필터의 커피에 물이 고르게 분배되도록 해 준다.

⑤ 샤워 홀더를 통과한 물을 미세한 수많은 줄기로 분사시키는 역할을 해준다.

정답   **04.** ②   **05.** ①   **06.** ③   **07.** ③

08. 에스프레소 기계 중 에스프레소에 필요한 물을 적절한 온도로 가열하고 저장하는 역할을 하는 장치는?

① 히터   ② 개스킷
③ 그룹헤드   ④ 포타필터
⑤ 보일러

09. 다음 중 도저에 대한 설명으로 바르지 못한 것은?

① 분쇄된 원두를 보관하는 역할을 한다.
② 분쇄된 원두를 계량하여 필터홀더에 담아주는 역할을 한다.
③ 도저 레버의 당기는 위치로 양을 조절하는 것이 가장 간편하다.
④ 도저는 수시로 청소를 해야 한다.
⑤ 일반적으로 도저의 1칸은 3.5~8g까지 조절이 가능하다.

10. 다음 중 그라인더의 날을 청소하는 일반적인 방법으로 가장 바람직한 것은?

① 단시간 물로 세척 후에 완전히 건조한다.
② 물에 담가놓은 후 세제를 이용하여 세척한다.
③ 붓 또는 솔로 적당히 털어준다.
④ 에어스프레이를 사용하여 청소한다.
⑤ 청소가 불가능함으로 교체해야만 한다.

11. 그라인더를 자주 사용하는 경우 Hopper(원두 통)의 청소 주기로 가장 적합한 것은?

① 매일 한 번 이상
② 일주일에 한 번 정도
③ 2주일에 한 번 정도
④ 한 달에 한 번 정도
⑤ 분기에 한 번 정도

정답   **08.** ⑤   **09.** ③   **10.** ①   **11.** ①

12. 커피 추출 시 펌프모터에서 심한 소음이 나는 경우, 원인으로 가장 알맞은 것은?

① 물 공급이 안 되어서   ② 전압이 낮아서

③ 정수기가 작동되지 않아서   ④ 분쇄된 커피입자가 너무 가늘어서

⑤ 노즐 팁이 막혀서

13. 에스프레소 추출 시 커피가 잘 추출되다가 물량이 조절되지 않고 추출 램프가 점멸되는 경우는 무엇이 문제인가?

① 플로우 메터 (Flow Meter) 불량

② 역류 방지 밸브 (Check Valve) 불량

③ 스팀 밸브 (Steam Valve) 불량

④ 수위 감지봉 (Auto Fill Probe) 불량

⑤ 에어 밸브 (Vacuum Valve) 불량

14. 커피 추출 시 물 공급이 안되는 경우를 설명한 것 중 틀린 것은?

① 물 공급 수도 밸브가 잠겼을 때

② 연수기와 정수기가 막혔을 때

③ 커피 입자가 너무 고울 때

④ 전자 밸브가 불량일 때

⑤ 수도가 단수되었을 때

15. 에스프레소 머신의 스팀을 틀 때 스팀에 물이 많이 나오는 현상의 이유로 가장 알맞은 것은?

① 기압이 너무 높을 때

② 스팀 노즐이 막혔을 때

③ 보일러 안의 물이 80% 이상 차 있을 때

④ 보일러의 물이 너무 뜨거울 때

⑤ 바스킷 필터가 막혔을 때

정답   **12.** ①   **13.** ①   **14.** ③   **15.** ③

기출문제 3

01. 증기나 증기압을 이용하여 커피를 추출하는 방식으로 초기의 에스프레소 추출방식은?

① 수압식   ② 피스톤식

③ 펌프식   ④ 공기압식

⑤ 증기압식

02. 용수철을 이용한 지렛대 원리로 만들어진 최초의 에스프레소 기계를 만든 사람은 누구인가?

① 루이지 베제라 (Luigi Bezzera)

② 데지데리오 파보니 (Desiderio Pavoni)

③ 아킬레 가찌아 (Achille Gaggia)

④ 달라 코르테 (Dalla Corte)

⑤ 주세페 밤비 (Giuseppe Bambi)

03. 에스프레소 기계의 증기압력을 만드는 부품은?

① 급수펌프   ② 보일러

③ 분사필터   ④ 압력 게이지

⑤ 포타필터

04. 스팀 보일러에 규정 이상의 압력이 발생했을 때 안전하게 보일러를 보호해주는 부품은 무엇인가?

① 수위 감지봉   ② 역류 방지 밸브

③ 스팀 밸브   ④ 과압력 방지 밸브

⑤ 플로우 메터

정답   **01.** ⑤   **02.** ③   **03.** ②   **04.** ④

05. 그룹헤드(Group Head)에 관한 설명 중 거리가 먼 것은?

① 재질은 스테인리스다.

② 항상 예열이 되어 있어야 한다.

③ 크롬으로 도금이 되어 있다.

④ 두께는 온도유지를 위해 두꺼워야 한다.

⑤ 포타필터를 고정하는 역할을 한다.

06. 과수압 방지 밸브에 대한 설명으로 가장 거리가 먼 것은?

① 물 유입량이 많을 경우 작동한다.

② 작동이 되면 보일러 및 물과 관련된 부품의 손상을 막는다.

③ 불량인 경우 펌프모터가 작동 시마다 배수통으로 연결된 관에서 물이 계속 나온다.

④ 스프링의 압력에 의해 대기 상태를 유지한다.

⑤ 평상시는 대기 상태로 있다.

07. 온수 전자 밸브에 대한 설명으로 가장 옳은 것은?

① 7~9 bar를 유지한다.

② 불량인 경우 기계를 작동하지 않은 상태에서도 온수 노즐을 통해 물이 흐른다.

③ 3방향으로 작동한다.

④ 온수를 사용하지 않아도 항시 작동하고 있다.

⑤ 전자석의 원리로 작동한다.

정답　**05.** ①　**06.** ①　**07.** ⑤

08. 플로우 메터(Flow Meter)에 관한 설명으로 가장 거리가 먼 것은?

① 에스프레소 추출 시 물량을 감지한다.

② 파손 시 추출 버튼이 눌러지지 않는다.

③ 에스프레소가 잘 추출되지만 물량이 조절이 되지 않고 추출 램프가 점멸하는 경우 이상이 생긴 것이다.

④ 추출 물량이 계속 변하는 경우 교체해야 한다.

⑤ 이상 증세가 보일 경우 물이 흘러가는 곳이기 때문에 안전을 위해 전문 기술자에게 알려 수리한다.

09. 일체형 보일러와 독립형 보일러의 차이점으로 보기에 가장 어려운 것은?

① 온도 조절　　　　　　　　② 온도 유지

③ 예열 시간　　　　　　　　④ 커피 사용량

⑤ 히터부착 여부

10. 다음 중 반자동 에스프레소 기계의 장점과 가장 거리가 먼 것은?

① 다양한 에스프레소 음료를 만들기에 적합하다.

② 자동 에스프레소 기계에 비해 관리가 용이하다.

③ 특별한 기술이 없더라도 비슷한 맛을 낼 수 있다.

④ 자동 에스프레소 기계에 비해 잔고장이 적다.

⑤ 자동 에스프레소 기계에 비해 초기 구입비용이 저렴하다.

11. 스팀 밸브 사용 시 먼저 밸브를 열어주는 이유를 설명한 것으로 가장 적당한 것은?

① 냄새를 제거하기 위해

② 고인 물을 빼주기 위해

③ 온도를 낮추기 위해

④ 온도를 높이기 위해

⑤ 커피를 추출하기 위해

정답　　**08.** ②　　**09.** ④　　**10.** ③　　**11.** ②

12. 다음은 커피장비의 관리 지침이다. 매일 해야 하는 일은?

① 샤워 홀더(Shower Holder) 청소
② 그라인더 칼날의 마모 상태 확인
③ 연수기의 필터 교환
④ 그룹헤드의 개스킷 교환
⑤ 보일러의 압력, 추출압력, 물의 온도 체크

13. 커피 추출 시 물 공급이 안 되는 경우를 설명한 것 중 틀린 것은?

① 물 공급 수도 밸브가 잠겼을 때
② 연수기와 정수기가 막혔을 때
③ 커피 입자가 너무 고울 때
④ 전자 밸브가 불량일 때
⑤ 수도가 단수되었을 때

14. 50 Hz의 그라인더를 60 Hz에 사용하면 어떤 현상이 일어나는가?

① 회전 속도가 빨라져 빨리 갈린다.
② 큰 변화가 없이 비슷하게 갈린다.
③ 커피를 갈 때 열을 적게 받는다.
④ 수명이 길어진다.
⑤ 그라인더가 작동하지 않는다.

15. 에스프레소를 만들 때 커피를 눌러 다지는 역할을 하는 기구는 무엇인가?

① 포타필터 (Porta Filter)
② 토핑 (Toping)
③ 핸드밀 (Handmil)
④ 탬퍼 (Tamper)
⑤ 데미타세 (Demitasse)

정답   **12.** ⑤   **13.** ③   **14.** ①   **15.** ④

기출문제 4

01. 에스프레소 기계를 처음으로 고안한 루이지 베제라(Luigi Bezzera)가 특허를 취득한 연도는?

① 1891년   ② 1901년

③ 1910년   ④ 1911년

⑤ 1921년

02. 에스프레소 머신의 발전 단계로 올바른 것은?

① 증기압 방식 → 진공 추출방식 → 피스톤 방식 → 전동펌프 방식

② 진공 추출방식 → 피스톤 방식 → 증기압 방식 → 전동펌프 방식

③ 증기압 방식 → 피스톤 방식 → 진공 추출방식 → 전동펌프 방식

④ 진공 추출방식 → 증기압 방식 → 피스톤 방식 → 전동펌프 방식

⑤ 진공 추출방식 → 전동펌프 방식 → 증기압 방식 → 피스톤 방식

03. 다음 중 에스프레소 머신에서 보일러와 관련이 없는 것은?

① 수위 감지기   ② 열선

③ 압력 스위치   ④ 히터

⑤ 플로우 메터

04. 에스프레소 기계 외부 구조 중 샤워홀더(Shower Holder)의 역할은?

① 추출할 때 고온 · 고압의 물이 새지 않도록 차단하는 역할을 한다.

② 에스프레소에 필요한 적절한 온도로 가열하고 저장하는 역할을 한다.

③ 바스켓 필터의 커피에 물이 고르게 분배되도록 해준다.

④ 보일러에 물이 얼마나 들어 있는가를 표시하는 역할을 한다.

⑤ 물이 홀더를 지나면서 4~6개의 물줄기로 갈라져 필터 전체에 골고루 압력이 걸리도록 해준다.

정답   **01.** ②   **02.** ④   **03.** ⑤   **04.** ⑤

05. 다음 설명하는 커피기계의 구조로 알맞은 것은?

> **보 기**
>
> - 이 압력계는 보통 0~3단계의 숫자로 표시되어 있음.
> - 기계가 정지(OFF)된 상태에서는 바늘이 '0'에 위치
> - 만일 바늘이 적색에 위치하면 압력이 너무 높다는 표시임으로 점검이 필요함.

① 펌프 압력 게이지(Pump Pressure Gauge)
② 샤워홀더(Shower Holder)
③ 스팀밸브(Steam Valve)
④ 그룹헤드(Group Head)
⑤ 보일러 압력 게이지(Boiler Pressure Gauge)

06. 역류 방지 밸브에 관한 설명으로 가장 거리가 먼 것은?

① 커피 보일러 물의 역류를 방지한다.
② 펌프의 물은 통과되고 보일러의 물은 역으로 들어올 수 없게 막는다.
③ 파손 시 펌프에 영향을 미친다.
④ 파손 시 에스프레소 추출 물량에 영향을 준다.
⑤ 냉수가 펌프로 흐르지 못하도록 막는다.

07. 일체형 보일러를 설명한 것 중에 가장 틀린 것은?

① 커피 보일러는 간접적으로 물이 데워진다.
② 스팀온수 보일러는 용량이 적은 것을 사용해야 보다 안정적인 온도를 얻을 수 있다.
③ 기계를 사용하지 않으면 물 온도가 올라간다.
④ 독립형 보일러 타입보다 가격이 조금 저렴한 편이다.
⑤ 스팀과 온수 사용 시 커피추출 온도가 변하는 단점이 있다.

정답   **05.** ⑤   **06.** ⑤   **07.** ②

08. 커피기계 사용 시 냉장고와 커피기계를 같이 잡았을 때 전기가 오는 이유를 설명한 것은?

① 기계에서 물이 새어서
② 전기선의 피복이 얇아서
③ 접지가 불량이어서
④ 전기 용량이 부족해서
⑤ 같은 콘덴서에 연결해서

09. 추출된 에스프레소에서 찌든 향이 난다. 문제가 되는 것으로 가장 알맞은 것은?

① 보일러 청소 불량
② 샤워 홀더 청소 불량
③ 잔 예열 불량
④ 연수기 청소 불량
⑤ 정수기 필터 청소 불량

10. 기계에 전원이 OFF 되었다면 그 원인으로 틀린 것은?

① 플러그 및 콘센트에 이상이 있을 때
② 전원 S/W에 이상이 있을 때
③ 기계 전원 PCB에 이상이 있을 때
④ 전압에 이상이 있을 때
⑤ 메인배전반 차단기에 이상이 있을 때

11. 에스프레소 추출 시 펌프 압력이 올라가지 않을 때의 원인이 아닌 것은?

① 물 온도가 낮은 상태에서 작동했을 때
② 전압이 낮을 때
③ 펌프 내부의 카본 실린더에 이물질이 많이 끼었을 때
④ 콘덴서가 불량일 때
⑤ 모터가 단선되었을 때

정답   **08.** ③   **09.** ②   **10.** ④   **11.** ①

12. 다음 그라인더의 사용법 중 틀린 것은?

① 일반적으로 그라인딩 단계는 굵게, 중간 굵기, 가늘게, 미분으로 나뉜다.
② 분쇄입자가 굵어지면 추출 시간은 짧아진다.
③ 분쇄입자를 곱게 할수록 추출 시간은 짧아진다.
④ 분쇄 정도는 사용하는 도구에 맞게 조절해야 한다.
⑤ 미분은 추출시간이 길어진다.

13. 다음은 그라인더 날에 대한 설명으로 바르지 않은 것은?

① 에스프레소를 추출하기 위해 원두를 갈아주는 톱니바퀴 모양의 원형 칼날을 말한다.
② 위쪽 날은 간격을 유지해서 입자 크기를 결정해 준다.
③ 그라인더 날에는 날의 크기에 따라 모터의 용량도 다르다.
④ 그라인더 날은 크기와 상관없이 정기적인 교환시기가 같다.
⑤ 그라인더 날의 형태는 코니컬 커터(Conical Cutters), 플랫 커터(Flat Cutter) 롤 커터 (Roller Cutters)가 있다.

14. 다음 중 그라인더 원두 입자 조절 순서를 설명한 것 중 옳은 것은?

① 입자확인→계량→추출→맛보기　② 입자확인→추출→맛보기→계량
③ 계량→추출→입자확인→맛보기　④ 맛보기→계량→입자확인→추출
⑤ 추출→맛보기→입자확인→계량

15. 에스프레소 추출 작업에 사용되는 도구에 대한 설명 중 틀린 것은?

① 넉 박스(Knock Box) - 커피를 보관하는 용기
② 탬퍼(Tamper) - 분쇄 커피를 다져주는 데 사용되는 도구
③ 밀크피처(Milk Pitcher) - 우유를 담아 데우거나 거품을 내는 도구
④ 패킹 매트(Packing Mat) - 탬핑 작업 시 포타필터 밑에 까는 매트
⑤ 호퍼(Hopper) - 에스프레소 추출을 위한 그라인더의 원두를 담는 곳

기출문제 5

01. 다음 중 피스톤식의 에스프레소 기계의 경우 크레마와 향이 빨리 없어지는 단점을 보완하기 위해 증기압 대신 수압을 이용하는 현대식 에스프레소 기계를 개발한 사람으로 알맞은 것은?

① 아킬레 가찌아(Achille Gaggia)　② 라 파보니(La Pavoni)

③ 루이지 베제라(Luigi Bezzera)　④ 달라 코르테(Dalla Corte)

⑤ 데지데리오 파보니(Desiderio Pavoni)

02. 상업용 에스프레소 머신의 커피 추출 압력을 만드는 부품은?

① 보일러　　　　　　② 모터펌프

③ 분사필터　　　　　④ 압력 게이지

⑤ 워터 게이지

03. 다음 중 에스프레소 기계를 구성하는 것으로 옳지 않은 것은?

① 데미타세　　　　　② 그룹헤드

③ 메인 스위치　　　　④ 개스킷

⑤ 샤워 홀더

04. 온수 전자밸브에 대한 설명으로 가장 거리가 먼 것은?

① 코일의 전기 용량은 9W를 사용한다.

② 코일은 24V와 220V를 사용한다.

③ 보일러 수위 감지 센서에 의해 작동한다.

④ 2극 전자 밸브이다.

⑤ OFF시 차단할 수 있는 압력은 10~11 bar 정도이다.

정답 ▷ 　**01.** ④　　**02.** ②　　**03.** ①　　**04.** ③

05. 보일러에 관한 설명으로 바르지 않은 것은?

① 재질은 대부분 열전도율이 좋은 동으로 되어 있다.
② 동 보일러는 곰팡이와 부식이 일어날 수 있어 되도록 24시간 켜놓는 것이 좋다.
③ 독립형 보일러의 경우 스팀 온수 보일러와 커피 보일러가 같이 있는 형태이다.
④ 일체형 보일러는 1그룹당 1개씩 물이 저장되는 관을 가지고 있다.
⑤ 독립형 보일러는 일체형 보일러와 달리 히터가 부착되어 있다.

06. 커피머신의 내부 구조 중 과수압 방지 밸브의 역할로 올바른 것은?

① 손잡이를 돌리면 스팀이 나온다.
② 공급되는 수압이 일정 수치를 넘어가는 것을 방지한다.
③ 보일러의 물을 데우는 역할을 한다.
④ 추출 시 물의 양을 감지 해준다.
⑤ 보일러의 공기를 빼준다.

07. 독립형 보일러의 개발 목적을 설명한 것 중 가장 연관성이 없는 것은?

① 추출을 빠르게 하기 위해
② 아라비카의 비중이 높아짐으로
③ 쓴 맛을 줄이기 위해
④ 볶음 정도가 바뀌어서
⑤ 그룹별로 온도 설정을 하기 위해

08. 다음 중 커피 기계의 종류와 특징이 가장 바르게 연결된 것은?

① 수동머신 - 커피 추출 시 편리함을 극대화 하기 위해 개발
② 반자동머신 - 분쇄와 추출이 분리만 되어 있을 뿐, 모든 과정이 자동 진행
③ 전자동머신 - 피스톤을 이용하여 사람의 힘으로 압력을 발생시켜 추출
④ 반자동머신 - 분쇄된 커피가루를 포타필터에 넣어 추출 압력 9bar정도로 추출
⑤ 캡슐머신 - 머신의 형태가 캡슐과 비슷하여 붙여졌으며 수동머신과 동일

정답 **05.** ③　　**06.** ②　　**07.** ①　　**08.** ④

09. 220v의 전압에 5kW의 커피기계를 사용 시 차단기로 가장 적합한 전류의 양은 얼마인가?

① 5A   ② 10A

③ 15A   ④ 20A

⑤ 30A

10. 에스프레소 머신의 그룹헤드를 단면으로 잘랐을 때 부품의 위치를 위에서 아래의 순서로 바르게 나열한 것은?

> **보 기**
>
> 가. 샤워 필터 (Shower Filter)   나. 샤워 홀더 (Shower Holder)
> 다. 필터 홀더 (Filter Holder)   라. 샤워 서포트 (Shower Support)
> 마. 개스킷 (Gasket)

① 가 - 나 - 다 - 라 - 마   ② 다 - 가 - 마 - 나 - 라

③ 라 - 마 - 나 - 가 - 다   ④ 마 - 나 - 라 - 가 - 다

⑤ 마 - 라 - 나 - 가 - 다

11. 기계의 ON, OFF에 상관없이 보일러 수위가 계속 올라간다면 그 원인으로 알맞은 것은?

① 역류 방지 밸브 오염

② 물 공급 전자 밸브 오염

③ 에어밸브 오염

④ 스팀밸브 오염

⑤ 플로우 메터 오염

정답 **09.** ⑤ **10.** ⑤ **11.** ②

12. 다음 에스프레소 머신의 청소주기에 대한 설명으로 가장 거리가 먼 것은?

① 스팀노즐은 하루에 한 번만 청소해 주는 것이 좋다.

② 포타필터는 분리하여 매일 청소해 주는 것이 좋다.

③ 샤워홀더는 분리하여 매일 청소해 주는 것이 좋다.

④ 원두통은 일주일에 한 번은 전용 세정제로 청소해 주는 것이 좋다.

⑤ 분쇄 날은 분리하여 최소한 일주일에 한 번은 청소해 주는 것이 좋다.

13. 그라인더(Grinder)에 적절한 굵기의 커피를 분쇄하여 배출 레버의 움직임에 의해 일
정한 양의 커피가 배출되도록 하는 동작을 무엇이라 하는가?

① 그라인딩(Grinding)　　　　　② 태핑(Tapping)

③ 팩킹(Packing)　　　　　　　　④ 도징(Dosing)

⑤ 탬핑(Tamping)

14. 다음 중 커피 그라인더의 부품과 거리가 먼 것은?

① 입자 조절 레버　　　　　　　② 분쇄 날

③ 도저　　　　　　　　　　　　④ 호퍼

⑤ 샤워 홀더

15. 일반적으로 휘핑기에 사용되는 가스는?

① 탄소　　　　　　　　　　　　② 산소

③ 질소　　　　　　　　　　　　④ 수소

⑤ 이산화탄소

기출문제 **6**

01. 에스프레소 기계를 처음으로 고안한 루이지 베제라(Luigi Bezzera)가 특허를 취득한 연도는?

① 1891년　　　　　　　　　　② 1901년
③ 1910년　　　　　　　　　　④ 1911년
⑤ 1921년

02. 에스프레소 머신의 과거부터 최근까지 발전 단계를 순서대로 표기한 것으로 알맞은 것은?

보 기
가. 증기압　　　　　　　　나. 진공추출 다. 피스톤　　　　　　　　라. 진동펌프

① 가 → 나 → 다 → 라　　　② 나 → 가 → 다 → 라
③ 다 → 라 → 가 → 나　　　④ 라 → 가 → 나 → 다
⑤ 다 → 나 → 가 → 라

03. 스팀 온수 보일러에는 물이 얼마나 차 있는가?

① 30%　　　　　　　　　　② 50%
③ 70%　　　　　　　　　　④ 90%
⑤ 100%

04. 다음 중 에스프레소 기계에서 포타필터를 장착하는 곳으로 알맞은 것은?

① 그룹헤드　　　　　　　　② 플로우 메터
③ 스팀밸브　　　　　　　　④ 보일러
⑤ 수위 감지봉

정답　**01.** ②　　**02.** ②　　**03.** ③　　**04.** ①

05. 커피기계의 외부 구조에 대한 설명으로 바르지 않은 것은?

① 드립 트레이(Drip Tray): 기계에서 떨어지는 물을 받아 배수로 흘려주는 배수 받침대
② 메인 스위치(Main Switch): 기계에 전원을 공급하는 스위치
③ 온수 추출구(Hot Water Spout): 온수가 떨어지는 추출구
④ 드립 트레이 그릴(Drip Tray Grill): 스팀이 나오는 스팀 노즐
⑤ 보일러 압력 게이지(Boiler Pressure Gauge): 스팀 온수 보일러의 압력을 표시하는 게이지

06. 역류 방지 밸브에 대한 설명으로 바른 것은?

① 에스프레소 추출 시 물량을 감지 해주는 장치다.
② 역류 방지 밸브에 이상이 생기면 보일러의 온도가 급격히 내려간다.
③ 재질은 열전도율이 좋은 동으로 주로 제작된다.
④ 이상이 감지될 시 기술자를 통하지 않아도 간단히 수리로 복구 가능한 장치다.
⑤ 펌프에서 나온 물은 통과가 되지만 보일러에 있는 물은 역으로 통과를 못하게 막아 준다.

07. 다음에 들어갈 커피기계 내부 구조로 알맞은 것은?

> **보 기**
>
> • _____는(은) 보일러의 공기를 빼 주는 역할을 하는 커피 기계 구조다. 보일러 속의 공기를 빼주지 않으면 공기가 열을 받아 팽창하면서 압력 S/W를 작동하게 되어 정상적인 온도 유지를 할 수 없기 때문에 이러한 현상을 없애기 위해 물이 데워지면서 조금씩 공기가 _____를(을) 통해 빠져 나간다.

① 수위 감지봉　　　　② 과압력 방지 밸브
③ 히터　　　　　　　④ 과수압 방지 밸브
⑤ 에어 밸브

---

08. 펌프모터에서 모터에 대한 설명으로 거리가 먼 것은?

① 일반적인 1~2 Bar인 수돗물을 7~9 Bar의 압력으로 승압시킨다.

② 수압은 수시로 변하기 때문에 항상 확인하는 것이 좋다.

③ 추출 시 펌프 압력 게이지가 움직이지 않고 '웅' 거리는 소리의 경우 펌프헤드를 분리해서 스케일을 청소한다.

④ 커피 추출 시 심한 소음이 나는 경우 압력이 올라가는 소리임으로 무시하여도 된다.

⑤ 추출 시 펌프 압력 게이지가 움직이지 않는 경우 공급되는 전압을 점검하고 콘덴서를 체크해 보아야 한다.

09. 다음 에스프레소 기계 중에서 전자동 에스프레소 기계의 장점으로만 묶인 것은?

┤ 보 기 ├

가. 커피를 추출하기 쉽다.

나. 설치공간이 적게 필요하다.

다. 장비에 대한 이해와 다루는 기술이 필요해 전문성을 요구한다.

라. 추출하는 사람에 따라 맛이 모두 달라 다양한 맛을 추구할 수 있다.

① 가, 나　　　　　　　　② 가, 다

③ 나, 다　　　　　　　　④ 나, 라

⑤ 다, 라

10. 다음 중 추출 전 커피 기계의 상태를 점검하는 경우 그 순서로 가장 알맞은 것은?

① 추출압력 확인 → 스팀 확인 → 온수 확인 → 포타 필터 확인 → 추출 확인

② 온수 확인 → 추출압력 확인 → 포타필터 확인 → 추출 확인 → 스팀 확인

③ 포타필터 확인 → 추출 확인 → 추출압력 확인 → 온수 확인 → 스팀 확인

④ 스팀 확인 → 온수 확인 → 추출압력 확인 → 포타 필터 확인 → 추출 확인

⑤ 추출 확인 → 스팀 확인 → 온수 확인 → 포타필터 확인 → 추출압력 확인

정답　08. ④　　09. ①　　10. ④

11. 커피 기계에서 물이 데워지지 않는 원인으로 가장 알맞은 것은?

① 펌프 압력이 높은 경우　　② 역류 방지 밸브의 불량
③ 보일러의 스케일 침전　　④ 압력 S/W 불량
⑤ 히터 불량

12. 펌프모터가 압력이 걸리지 않는 원인으로 가장 거리가 먼 것은?

① 전압이 낮은 경우　　② 펌프헤드가 불량인 경우
③ 헤르츠(Hz)가 틀릴 경우　　④ 콘덴서가 불량일 경우
⑤ 펌프모터가 불량인 경우

13. 그라인더 모터의 설명으로 거리가 먼 것은?

① 분쇄 날의 크기에 따라 모터의 용량이 차이가 난다.
② 그라인더 모터의 회전수는 일반적으로 800 ~ 1,200rpm을 사용한다.
③ 그라인더 모터는 고장이 발생되면 손쉽게 수리할 수 있다.
④ 그라인더 모터는 주파수(Hz)에 따라 회전수가 바뀐다.
⑤ 그라인더 모터의 구성은 모터 부분과 콘덴서로 이루어져 있다.

14. 그라인더를 자주 사용하는 경우 원두 통(Hopper)의 청소 주기로 가장 적합한 것은?

① 매일 한 번 이상　　② 일주일에 한 번 정도
③ 2주일에 한 번 정도　　④ 한 달에 한 번 정도
⑤ 분기에 한 번 정도

정답　 **11.** ⑤　　**12.** ③　　**13.** ③　　**14.** ①

15. 추출을 위한 도구 중 탬퍼에 대한 설명이다. 다음 중 알맞은 것은?

① 라떼아트를 위한 길고 뾰족한 도구

② 포타필터에 커피를 담아 눌러줄 때 사용하는 도구

③ 회전하는 2개의 날로 이루어진 도구

④ 휘핑크림을 채워 맛과 장식을 하는 도구

⑤ 물을 항시 뜨겁게 하여 채워두는 도구

정답 **15.** ②

01. 용수철을 이용한 지렛대 원리로 만들어진 최초의 에스프레소 기계를 만든 사람은 누구인가?

① 루이지 베제라(Luigi Bezzera)

② 데지데리오 파보니(Desiderio Pavoni)

③ 주세페 밤비(Giuseppe Bambi)

④ 달라 코르테(Dalla Corte)

⑤ 아킬레 가찌아(Achille Gaggia)

02. 크레마와 향이 빨리 없어지는 것을 방지하기 위해 고안된 것은 어느 것인가?

① 전동 펌프   ② 독립 보일러

③ 피스톤 방식   ④ 증기압 방식

⑤ 수압식

03. 에스프레소 머신에 대한 설명으로 가장 바르지 않은 것은?

① 수동식 커피머신 : 지렛대 원리를 응용한 피스톤식 기계

② 반자동 커피머신 : 그라인더와 에스프레소 머신이 분리되어 있어 원두커피에 열이 가해지지 않음.

③ 전자동 커피머신 : 커피 추출이 매우 쉽고 간편하며 추출하는 사람에 따라 달라져 다양한 맛의 변화가 가능

④ 반자동 커피머신 : 장비에 대한 이해와 다루는 기술이 필요한 전문성이 요구되는 커피머신

⑤ 수동식 커피머신 : 전통적인 형태로 사람의 손에 의해 모든 동작이 이루어지는 머신

정답   **01.** ⑤   **02.** ①   **03.** ③

04. 커피기계의 설치 시 접지를 연결해야 하는 이유와 가장 거리가 먼 것은?

① 잔류 전류를 흘려보내기 위해

② 기계의 고장 원인을 제거하기 위해

③ 감전 사고를 예방하기 위해

④ 기계의 수명을 늘려주기 위해

⑤ 기계의 소음을 감소시키기 위해

05. 지하수를 에스프레소 기계에 직접 연결해 사용하려고 한다. 이때 다음 중 기계에 치명적인 무기질은?

① 철   ② 칼슘

③ 인   ④ 납

⑤ 규소

06. 스팀 보일러에 공기를 완전히 빼주는 부품은 무엇일까?

① 역류 방지 밸브(Check Valve)

② 스팀 밸브(Steam Valve)

③ 히터(Heater)

④ 에어 밸브(Vacuum Valve)

⑤ 플로우 메터(Flow Meter)

07. 에스프레소 기계 중 샤워(Shower) 또는 샤워(Shower) 스크린으로 불리는 외부구조의 역할로 가장 알맞은 것은?

① 추출할 때 고온·고압의 물이 새지 않도록 차단하는 역할을 한다.

② 장착된 포타필터에 담긴 커피 표면 전체에 골고루 분사시켜 주는 역할을 한다.

③ 에스프레소에 필요한 적절한 온도로 가열하고 저장하는 역할을 한다.

④ 보일러에 물이 얼마나 들어 있는가를 표시하는 역할을 한다.

⑤ 추출 시 7~9 Bar의 일정한 압력을 유지하는 역할을 한다.

정답   **04.** ⑤   **05.** ②   **06.** ④   **07.** ②

08. 물 공급 전자 밸브에 관한 설명으로 가장 거리가 먼 것은?

① 스팀 온수 보일러에 물을 공급하고 차단하는 역할을 한다.
② 스팀 온수 보일러에 물 공급 시 작동하며 냉수를 통제한다.
③ 코일이 불량일 경우 물 공급이 이루어지지 않는다.
④ 밸브의 코일이 불량인 경우 유동추가 오염이 되는 경우가 있다.
⑤ 고장 시 수도밸브를 최대한 열어 두고 전문가를 빠르게 불러야 한다.

09. 커피머신을 관리함에 있어 매일 해야 하는 것으로 알맞은 것은?

① 보일러의 압력, 추출압력, 물의 온도 체크
② 개스킷 교체
③ 보일러 스케일 제거
④ 스팀노즐(완드) 교체
⑤ 플로우 메터 분해 조립

10. 펌프모터가 압력이 걸리지 않는 원인으로 가장 거리가 먼 것은?

① 전압이 낮은 경우   ② 펌프헤드가 불량인 경우
③ 헤르츠(Hz)가 틀릴 경우   ④ 콘덴서가 불량일 경우
⑤ 펌프모터가 불량인 경우

11. 기계를 5분 이상 사용하지 않다가 커피 추출 시 첫 잔만 물량이 변하는 경우의 원인은 무엇인가?

① 에어밸브 불량   ② 스팀 노즐 막힘
③ 역류 방지 밸브 불량   ④ 수위 감지봉 불량
⑤ 플로우 메터 불량

정답   **08.** ⑤   **09.** ①   **10.** ③   **11.** ③

12. 커피머신의 ON, OFF와 상관없이 보일러의 수위가 계속해서 올라가는 원인으로 가장 알맞은 것은?

① 히터의 불량

② 과압력 방지 밸브 불량

③ 역류 방지 밸브 불량

④ 온수 보일러 급수 전자밸브 불량

⑤ 펌프 모터 불량

13. 그라인더에 대한 설명으로 알맞은 것은?

① 그라인더 모터의 구성은 펌프모터와 원두 통(Hopper)으로 구성되어 있다.

② 그라인더가 올바르게 작동하는 경우 '웅' 소리만 모터에서 들려온다.

③ 50Hz에서 60Hz의 그라인더를 사용하게 되면 날의 회전수가 급격히 떨어진다.

④ 분쇄 날은 일반적으로 위쪽 날과 아래쪽 날로 구성되어 있다.

⑤ 원두 통(Hopper)의 경우 1개월 2회 이하로 청소해야 한다.

14. 일반적으로 그라인더를 장시간 작동한 후 얼마의 휴식 시간이 필요한가?

① 작동시간 1/2의 시간이 필요

② 작동시간 2배 이상의 시간이 필요

③ 바로 사용해도 상관없음

④ 무조건 1분 이내 휴식이 필요

⑤ 무조건 한 시간 이상 필요

15. 다음 중 일반적으로 사용되는 스팀 피처의 재질로 가장 적합한 것은 무엇인가?

① 스테인리스   ② 도자기

③ 동   ④ 알루미늄

⑤ 강철

정답   12. ④   13. ④   14. ②   15. ①

01. 훼마(Faema)에서 달라 코르테 외 2인이 개발한 수압을 이용하는 현대식 커피기계가 나온 연도로 알맞은 것은?

① 1948년　　　　　　　② 1950년
③ 1953년　　　　　　　④ 1955년
⑤ 1958년

02. 에스프레소 머신의 발전 단계로 올바른 것은?

① 증기압 방식 → 진공 추출방식 → 피스톤 방식 → 전동펌프 방식
② 진공 추출방식 → 피스톤 방식 → 증기압 방식 → 전동펌프 방식
③ 증기압 방식 → 피스톤 방식 → 진공 추출방식 → 전동펌프 방식
④ 진공 추출방식 → 증기압 방식 → 피스톤 방식 → 전동펌프 방식
⑤ 진공 추출방식 → 전동펌프 방식 → 증기압 방식 → 피스톤 방식

03. 스팀 보일러에 일정량의 물을 유지시켜 주는 부품은 무엇인가?

① 플로우 메터　　　　　② 수위 감지봉
③ 역류 방지 밸브　　　　④ 과수압 방지 밸브
⑤ 에어 밸브

04. 스팀 보일러에 규정 이상의 압력이 발생했을 때 안전하게 보일러를 보호해 주는 부품은 무엇인가?

① 수위 감지봉　　　　　② 역류 방지 밸브
③ 스팀 밸브　　　　　　④ 과압력 방지 밸브
⑤ 플로우 메터

정답　**01.** ⑤　　**02.** ④　　**03.** ②　　**04.** ④

05. 그룹헤드(Group Head)에 관한 설명 중 거리가 먼 것은?

① 재질은 스테인리스다.

② 항상 예열이 되어 있어야 한다.

③ 크롬으로 도금이 되어 있다.

④ 두께는 온도유지를 위해 두꺼워야 한다.

⑤ 포타필터를 고정하는 역할을 한다.

06. 역류 방지 밸브에 관한 설명으로 가장 거리가 먼 것은?

① 커피 보일러 물의 역류를 방지한다.

② 펌프의 물은 통과되고 보일러의 물은 역으로 들어올 수 없게 막는다.

③ 파손 시 펌프에 영향을 미친다.

④ 파손 시 에스프레소 추출 물량에 영향을 준다.

⑤ 냉수가 펌프로 흐르지 못하도록 막는다.

07. 일체형 보일러를 설명한 것으로 가장 바르지 않은 것은?

① 커피 보일러는 간접적으로 물이 데워진다.

② 스팀온수 보일러는 용량이 적은 것을 사용해야 보다 안정적인 온도를 얻을 수 있다.

③ 기계를 사용하지 않으면 물 온도가 올라간다.

④ 독립형 보일러 타입보다 가격이 조금 저렴한 편이다.

⑤ 스팀과 온수 사용 시 커피추출 온도가 변하는 단점이 있다.

08. 스팀 밸브 사용 시 먼저 밸브를 열어주는 이유를 설명한 것으로 가장 적당한 것은?

① 냄새를 제거하기 위해

② 온도를 낮추기 위해

③ 고인 물을 빼주기 위해

④ 온도를 높이기 위해

⑤ 커피를 추출하기 위해

정답　**05.** ①　　**06.** ⑤　　**07.** ②　　**08.** ③

09. 에스프레소 머신을 작동함에 있어 매일 점검해야 할 사항으로 바르지 않은 것은?

① 물의 온도 확인   ② 포타필터 내부 이물질 확인

③ 압력 확인   ④ 머신 외부 청결 확인

⑤ 보일러 스케일링

10. 에스프레소 추출 시 커피가 잘 추출되다가 물량이 조절되지 않고 추출 램프가 점멸되는 경우는 무엇이 문제인가?

① 플로우 메터(Flow Meter) 불량

② 역류 방지 밸브(Check Valve)불량

③ 스팀 밸브(Steam Valve) 불량

④ 수위 감지봉(Auto Fill Probe) 불량

⑤ 에어 밸브(Vacuum Valve) 불량

11. 그라인더 모터에 대한 설명으로 거리가 먼 것은?

① 분쇄 날의 크기에 따라 모터의 용량이 차이가 난다.

② 그라인더 모터의 회전수는 일반적으로 800 ~ 1,200rpm을 사용한다.

③ 그라인더 모터는 고장이 발생되면 손쉽게 수리할 수 있다.

④ 그라인더 모터는 주파수(Hz)에 따라 회전수가 바뀐다.

⑤ 그라인더 모터의 구성은 모터 부분과 콘덴서로 이루어져 있다.

12. 다음 중 그라인더의 날을 청소하는 일반적인 방법으로 가장 바람직한 것은?

① 단시간 물로 세척 후에 완전히 건조한다.

② 물에 담가놓은 후 세제를 이용하여 세척한다.

③ 붓 또는 솔로 적당히 털어준다.

④ 에어스프레이를 사용하여 청소한다.

⑤ 청소가 불가능함으로 교체해야만 한다.

정답   **09.** ⑤   **10.** ①   **11.** ③   **12.** ①

13. 그라인더 입자 조절하는 방법으로 가장 바르지 않은 것은?

① 입자확인 → 계량 → 추출 → 맛보기 순으로 진행한다.

② 그라인더 제조사마다 조절방법이 다를 수 있어 가늘기와 굵기를 조절하여 사용한다.

③ 호퍼 안에 남아있는 원두는 모두 비우고 조절을 시작해야 한다.

④ 계속해서 입자를 확인하는 경우 원두통에 있는 것을 버리지 않고 다시 사용한다.

⑤ 입자를 조절할 때는 조절 레버를 조금씩 움직여 굵기를 조절하여 진행한다.

14. 에스프레소 추출 시 이용하는 기구에 대한 설명이다. 다음 중 알맞은 것은?

> **보 기**
>
> 에스프레소 머신에서 나오는 물이 포타필터에 담긴 원두에 고르게 분사되어 양질의 에스프레소를 추출하도록 분쇄된 원두를 눌러 평평하게 다져줄 수 있는 도구다.

① 핸드밀   ② 탬퍼

③ 온수기   ④ 패킹 패드

⑤ 스팀피처

15. 다음 중 휘핑크림에 대한 설명으로 바르지 않은 것은?

① 카페모카, 에스프레소 콘파냐 등 에스프레소를 이용한 음료를 만들 때도 사용한다.

② 맛을 내기 위해 사용하지만 시각적인 즐거움을 주기 위해 사용하기도 한다.

③ 휘핑크림의 재료는 우유이며 질소가스와 우유와의 혼합물로 사용한다.

④ 제품 위에 휘핑을 한 후 다양한 재료 및 데코레이션을 이용하여 더 좋은 시각적 효과를 줄 수 있다.

⑤ 주로 밀크커피를 만들 때 이용한다.

정답 **13.** ④   **14.** ②   **15.** ③

01. 커피 기계에 대한 일반적인 사항으로 가장 바르지 않은 것은?

① 커피기계는 에스프레소를 추출하는 가장 중요한 기계이다.

② 커피바리스타는 커피머신의 구조와 작동원리, 관리요령을 숙지해야 한다.

③ 국가나 제조사별 커피기계의 구조는 모두 통일되어 있어 수리에 용이하다.

④ 커피 기계의 효율적인 관리는 사업의 성패와 밀접한 관계가 있다.

⑤ 대형 행사에서는 커피바리스타의 역할이 필요 없는 전자동 커피기계를 사용하기도 한다.

02. 커피의 발전사와 연도를 알맞게 나열한 것은?

① 1710년 : 기압으로 커피의 추출속도를 빨리하는 여러 가지 기구의 개발

② 1840년 : 루이지 베제라의 증기압을 이용한 커피기계 개발

③ 1890년 : 이탈리아 카페를 중심으로 라 파보니(La Pavoni) 커피기계의 보급

④ 1905년 : 아킬레 가찌아에 의한 피스톤 원리의 레버식 커피기계 개발

⑤ 1958년 : 달라 코르테 외 2인에 의한 수압을 이용하는 커피기계 개발

03. 에스프레소 기계의 증기압력을 만드는 부품은?

① 급수펌프　　　　　　② 보일러

③ 분사필터　　　　　　④ 압력 게이지

⑤ 포타필터

04. 다음 중 에스프레소 머신에서 보일러와 관련이 없는 것은?

① 수위 감지기　　　　　② 열선

③ 압력 스위치　　　　　④ 플로우 메터

⑤ 히터

정답　01. ③　02. ⑤　03. ②　04. ④

05. 커피기계의 외부구조 중 그룹헤드의 구조와 관계가 없는 것은?

① 바디(Body)

② 게이지(Gauge)

③ 개스킷(Gasket)

④ 샤워 홀더(Shower Holder)

⑤ 분사필터(Shower Filter)

06. 다음 설명하는 커피기계의 구조로 알맞은 것은?

> **보 기**
>
> • 이 압력계는 보통 0~3단계의 숫자로 표시되어 있음.
> • 기계가 정지(OFF)된 상태에서는 바늘이 '0'에 위치
> • 만일 바늘이 적색에 위치하면 압력이 너무 높다는 표시임으로 점검이 필요함.

① 펌프 압력 게이지(Pump Pressure Gauge)

② 샤워 홀더(Shower Holder)

③ 스팀밸브(Steam Valve)

④ 그룹헤드(Group Head)

⑤ 보일러 압력 게이지(Boiler Pressure Gauge)

07. 과수압 방지 밸브에 대한 설명으로 가장 거리가 먼 것은?

① 스프링의 압력에 의해 대기 상태를 유지한다.

② 작동이 되면 보일러 및 물과 관련된 부품의 손상을 막는다.

③ 불량인 경우 펌프모터가 작동 시마다 배수통으로 연결된 관에서 물이 계속 나온다.

④ 물 유입량이 많을 경우 작동한다.

⑤ 평상시는 대기 상태로 있다.

정답 **05.** ② **06.** ⑤ **07.** ④

08. 커피 추출 시 펌프모터에서 심한 소음이 나는 경우, 원인으로 가장 알맞은 것은?

① 물 공급이 안 되어서
② 전압이 낮아서
③ 정수기가 작동되지 않아서
④ 분쇄된 커피입자가 너무 가늘어서
⑤ 노즐 팁이 막혀서

09. 다음 중 에스프레소 기계에서 개스킷의 역할에 대한 설명으로 가장 알맞은 것은?

① 포타필터에 커피를 담아 눌러줄 때 사용하는 역할을 한다.
② 원두를 분쇄하는 역할을 한다.
③ 추출할 때 고온·고압의 물이 새지 않도록 차단하는 역할을 한다.
④ 바스켓 필터에 담긴 커피에 물이 고르게 분배되도록 해준다.
⑤ 샤워 홀더를 통과한 물을 미세한 수많은 줄기로 분사시키는 역할을 해준다.

10. 커피기계 종류의 장단점을 설명한 것 중 바르지 않은 것은?

① 반자동 에스프레소 머신 : 그라인더와 커피기계가 분리되어 있어 원두가 열의 영향을 적게 받아 양질의 커피추출이 가능하다.
② 반자동 에스프레소 머신 : 바리스타의 능력에 따라 다양한 에스프레소 커피의 맛을 추구할 수 있다.
③ 반자동 에스프레소 머신 : 장비에 대한 이해와 다루는 전문적인 기술이 필요하다.
④ 전자동 에스프레소 머신 : 사용이 빈번한 장소에서 여러 사람이 각자 추출해도 비슷한 맛의 커피추출이 가능하다.
⑤ 전자동 에스프레소 머신 : 디지털 기술이 적용되어 비용이 저렴하고 잔고장이 거의 없다.

정답   **08.** ①   **09.** ③   **10.** ⑤

11. 정수기에 대한 설명으로 거리가 먼 것은?

① 무조건 3개월마다 필터를 교환해야 한다.

② 이물질을 제거해 준다.

③ 물속에 들어있는 소독약 냄새를 제거해 준다.

④ 녹물을 제거해 준다.

⑤ 정수기는 물을 최적의 상태로 정화시킨다.

12. 50Hz의 그라인더를 60Hz에 사용을 하면 어떤 현상이 일어나는가?

① 수명이 길어진다.

② 큰 변화가 없이 비슷하게 갈린다.

③ 커피를 갈 때 열을 적게 받는다.

④ 회전 속도가 빨라져 빨리 갈린다.

⑤ 그라인더가 작동하지 않는다.

13. 다음 중 도저에 대한 설명으로 바르지 못한 것은?

① 분쇄된 원두를 보관하는 역할을 한다.

② 도저 레버의 당기는 위치로 양을 조절하는 것이 가장 간편하다.

③ 분쇄된 원두를 계량하여 포타필터에 담아주는 역할을 한다.

④ 도저는 수시로 청소를 해야 한다.

⑤ 일반적으로 도저의 1칸은 3.5 ~ 8g까지 조절이 가능하다.

14. 휘핑기에 일반적으로 사용되는 가스의 종류로 알맞은 것은?

① 탄소　　　　　　　　　② 산소

③ 질소　　　　　　　　　④ 수소

⑤ 이산화탄소

정답　**11.** ①　　**12.** ④　　**13.** ②　　**14.** ③

15. 에스프레소 추출 작업에 사용되는 도구에 대한 설명 중 틀린 것은?

① 넉 박스(Knock Box) - 커피를 보관하는 용기
② 탬퍼(Tamper) - 분쇄 커피를 다져주는 데 사용되는 도구
③ 밀크피처(Milk Pitcher) - 우유를 담아 데우거나 거품을 내는 도구
④ 패킹 매트(Packing Mat) - 탬핑 작업 시 포타필터 밑에 까는 매트
⑤ 호퍼(Hopper) - 에스프레소 추출을 위한 그라인더의 원두를 담는 곳

기출문제 1□

01. 1901년 이탈리아 밀라노에서 증기압을 이용하여 처음으로 머신을 개발해 발표하고 특허를 취득한 사람은 누구인가?

① 루이지 베제라(Luigi Bezzera)

② 아킬레 가찌아(Achille Gaggia)

③ 데지데리오 파보니(Desiderio Pavoni)

④ 달라 코르테(Dalla Corte)

⑤ 주세페 밤비(Giuseppe Bambi)

02. 에스프레소 머신의 과거부터 최근까지 발전 단계를 순서대로 표기한 것으로 알맞은 것은?

보 기

가. 증기압	나. 진공추출
다. 피스톤	라. 전동펌프

① 가 → 나 → 다 → 라 ② 나 → 가 → 다 → 라

③ 다 → 라 → 가 → 나 ④ 라 → 가 → 나 → 다

⑤ 다 → 나 → 가 → 라

3. 다음 중 에스프레소 기계에서 포타필터를 장착하는 곳으로 알맞은 것은?

① 그룹헤드 ② 개스킷

③ 펌프 모터 ④ 플로우 메터

⑤ 샤워홀더

정답 01. ① 02. ② 03. ①

04. 에스프레소 기계 외부 구조 중 분산(샤워)스크린의 역할은?

① 추출할 때 고온·고압의 물이 새지 않도록 차단하는 역할을 한다.
② 보일러에 물이 얼마나 들어 있는가를 표시하는 역할을 한다.
③ 에스프레소에 필요한 적절한 온도로 가열하고 저장하는 역할을 한다.
④ 바스켓필터의 커피에 물이 고르게 분배되도록 해 준다.
⑤ 물이 홀더를 지나면서 4 ~ 6개의 물줄기로 갈려져 필터 전체에 골고루 압력이 걸리도록 해 준다.

05. 에스프레소 기계 중 에스프레소에 필요한 물을 적절한 온도로 가열하고 저장하는 역할을 하는 장치는?

① 히터   ② 개스킷
③ 그룹헤드   ④ 포타필터
⑤ 보일러

06. 온수 전자밸브에 대한 설명으로 가장 거리가 먼 것은?

① 코일의 전기 용량은 9W를 사용한다.
② 코일은 24V와 220V를 사용한다.
③ 보일러 수위 감지 센서에 의해 작동한다.
④ 2극 전자 밸브이다.
⑤ OFF시 차단할 수 있는 압력은 10 ~ 11bar 정도이다.

---

07. 펌프 모터에서 모터에 대한 설명으로 거리가 먼 것은?

① 일반적인 1 ~ 2 Bar인 수돗물을 7 ~ 9 Bar의 압력으로 승압시킨다.

② 수압은 수시로 변하기 때문에 항상 확인하는 것이 좋다.

③ 추출 시 펌프 압력 게이지가 움직이지 않고 '웅' 거리는 소리의 경우 펌프헤드를 분리해서 스케일을 청소한다.

④ 커피 추출 시 심한 소음이 나는 경우 압력이 올라가는 소리임으로 무시하여도 된다.

⑤ 추출 시 펌프 압력 게이지가 움직이지 않는 경우 공급되는 전압을 점검하고 콘덴서를 통해 체크해 보아야 한다.

08. 역류 방지 밸브에 대한 설명으로 알맞은 것은?

① 에스프레소 추출 시 물량을 감지해 주는 장치다.

② 역류 방지 밸브에 이상이 생기면 보일러의 온도가 급격히 내려간다.

③ 재질은 열전도율이 좋은 동으로 주로 제작된다.

④ 이상이 감지될 시 기술자를 통하지 않아도 간단히 수리로 복구 가능한 장치다.

⑤ 펌프에서 나온 물은 통과가 되지만 보일러에 있는 물은 역으로 통과를 못하게 막아 준다.

09. 다음 에스프레소 기계 중에서 전자동 에스프레소 기계의 장점으로만 묶인 것은?

> **보 기**
>
> 가. 커피를 추출하기 쉽다.
> 나. 설치공간이 적게 필요하다.
> 다. 장비에 대한 이해와 다루는 기술이 필요해 전문성을 요구한다.
> 라. 추출하는 사람에 따라 맛이 모두 달라 다양한 맛을 추구할 수 있다.

① 가, 나   ② 가, 다

③ 나, 다   ④ 나, 라

⑤ 다, 라

10. 에스프레소 머신의 그룹헤드를 단면으로 잘랐을 때 부품의 위치를 위에서 아래의 순서로 바르게 나열한 것은?

┃ 보 기 ┃

가. 샤워 필터(Shower Filter)　　　　나. 샤워 홀더(Shower Holder)

다. 필터 홀더(Filter Holder)　　　　라. 개스킷(Gasket)

① 가 – 나 – 다 – 라　　　　　② 나 – 라 – 가 – 다

③ 다 – 가 – 나 – 라　　　　　④ 다 – 나 – 가 – 라

⑤ 라 – 나 – 가 – 다

11. 기계에 전원이 OFF 되었다면 그 원인으로 틀린 것은?

① 플러그 및 콘센트에 이상이 있을 때

② 전원 S/W에 이상이 있을 때

③ 기계 전원 PCB에 이상이 있을 때

④ 전압에 이상이 있을 때

⑤ 메인배전반 차단기에 이상이 있을 때

12. 커피 추출 시 물 공급이 안 되는 경우를 설명한 것 중 틀린 것은?

① 물 공급 수도 밸브가 잠겼을 때

② 연수기와 정수기가 막혔을 때

③ 커피 입자가 너무 고울 때

④ 전자 밸브가 불량일 때

⑤ 수도가 단수되었을 때

정답　**10.** ⑤　　**11.** ④　　**12.** ③

13. 다음 그라인더의 사용법 중 틀린 것은?

① 일반적으로 그라인딩 단계는 굵게, 중간 굵기, 가늘게, 미분으로 나뉜다.

② 분쇄입자가 굵어지면 추출 시간은 짧아진다.

③ 분쇄입자를 곱게 할수록 추출 시간은 짧아진다.

④ 분쇄 정도는 사용하는 도구에 맞게 조절해야 한다.

⑤ 미분은 추출시간을 길게 한다.

14. 다음 중 그라인더 원두 입자 조절 순서를 설명한 것 중 옳은 것은?

① 입자확인 → 계량 → 추출 → 맛보기

② 입자확인 → 추출 → 맛보기 → 계량

③ 계량 → 추출 → 입자확인 → 맛보기

④ 맛보기 → 계량 → 입자확인 → 추출

⑤ 추출 → 맛보기 → 입자확인 → 계량

15. 에스프레소 추출 시 데미타세(Demitasse)나 카푸치노용 잔에 대한 설명으로 가장 바르지 않은 것은?

① 잔을 두껍게 제작하는 것은 보온성 때문이다.

② 재질은 사기잔이나 유리잔 또는 동으로 만들어진 것이 좋다.

③ 외부 컬러는 다를 수 있으나 안쪽은 화이트 색으로 처리된 것이 좋다.

④ 외부 형태는 다를 수 있으나 안쪽은 U자형으로 곡선 처리된 것이 좋다.

⑤ 용량은 60 ~ 70ml(약 2oz)정도로 용량이 일반 컵의 반 정도라는 의미이다.

정답   **13.** ③   **14.** ①   **15.** ②

01. 증기나 증기압을 이용하여 커피를 추출하는 방식으로 초기의 에스프레소 추출방식은?

① 수압식　　　　　　　　　② 피스톤식

③ 펌프식　　　　　　　　　④ 공기압식

⑤ 증기압식

02. 크레마와 향이 빨리 없어지는 것을 방지하기 위해 고안된 것은 어느 것인가?

① 전동 펌프　　　　　　　　② 독립 보일러

③ 피스톤 방식　　　　　　　④ 증기압 방식

⑤ 수압식

03. 에스프레소 기계를 처음으로 고안한 루이지 베제라(Luigi Bezzera)가 특허를 취득한 연도는?

① 1891년　　　　　　　　　② 1901년

③ 1910년　　　　　　　　　④ 1911년

⑤ 1921년

04. 일체형 보일러의 온수는 보통 얼마나 차 있는가?

① 30%　　　　　　　　　　② 50%

③ 70%　　　　　　　　　　④ 90%

⑤ 100%

정답　　01. ⑤　　02. ①　　03. ②　　04. ③

05. 다음 ( )에 공통으로 들어갈 커피기계 내부 구조로 알맞은 것은?

> **보 기**
>
> • ( )는(은) 보일러의 공기를 빼주는 역할을 하는 커피 기계 구조다. 보일러 속의 공기를 빼주지 않으면 공기가 열을 받아 팽창하면서 압력 S/W를 작동하게 되어 정상적인 온도 유지를 할 수 없기 때문에 이러한 현상을 없애기 위해 물이 데워지면서 조금씩 공기가 ( )를(을) 통해 빠져나간다.

① 수위 감지봉　　　　　　② 과압력 방지 밸브
③ 히터　　　　　　　　　　④ 과수압 방지 밸브
⑤ 에어 밸브

06. 물 공급 전자 밸브에 관한 설명으로 가장 거리가 먼 것은?

① 스팀 온수 보일러에 물을 공급하고 차단하는 역할을 한다.
② 스팀 온수 보일러에 물 공급 시 작동하며 냉수를 통제한다.
③ 코일이 불량일 경우 물 공급이 이루어지지 않는다.
④ 밸브의 코일이 불량인 경우 유동추가 오염이 되는 경우가 있다.
⑤ 고장 시 수도밸브를 최대한 열어 두고 전문가를 빠르게 불러야 한다.

07. 일체형 보일러와 독립형 보일러의 차이점으로 보기에 가장 어려운 것은?

① 온도 조절　　　　　　　② 온도 유지
③ 예열 시간　　　　　　　④ 커피 사용량
⑤ 히터부착 여부

08. 다음 중 커피 기계의 종류와 특징이 가장 바르게 연결된 것은?

① 수동머신 - 커피 추출 시 편리함을 극대화하기 위해 개발
② 반자동머신 - 분쇄와 추출이 분리만 되어 있을 뿐, 모든 과정이 자동 진행

정답 　05. ⑤　　06. ⑤　　07. ④　　08. ④

③ 전자동머신 - 피스톤을 이용하여 사람의 힘으로 압력을 발생시켜 추출

④ 반자동머신 - 분쇄된 커피가루를 포타필터에 넣어 추출 압력 9bar 정도로 추출

⑤ 캡슐머신 - 머신의 형태가 캡슐과 비슷하여 붙여졌으며 수동머신과 동일

09. 다음 에스프레소 머신의 청소주기에 대한 설명으로 가장 거리가 먼 것은?

① 스팀노즐은 하루에 한 번만 청소해 주는 것이 좋다.

② 포타필터는 분리하여 매일 청소해 주는 것이 좋다.

③ 샤워홀더는 분리하여 매일 청소해 주는 것이 좋다.

④ 원두통은 일주일에 한 번은 전용 세정제로 청소해 주는 것이 좋다.

⑤ 분쇄 날은 분리하여 최소한 일주일에 한 번은 청소해 주는 것이 좋다.

10. 커피기계에서 물이 데워지지 않는 원인으로 가장 알맞은 것은?

① 펌프 압력이 높은 경우　　　　② 역류 방지 밸브의 불량

③ 보일러의 스케일 침전　　　　④ 압력 S/W 불량

⑤ 히터 불량

11. 펌프모터가 압력이 걸리지 않는 원인으로 가장 거리가 먼 것은?

① 전압이 낮은 경우　　　　　　② 펌프헤드가 불량인 경우

③ 헤르츠(Hz)가 틀릴 경우　　　④ 콘덴서가 불량인 경우

⑤ 펌프모터가 불량인 경우

12. 스팀 밸브(Steam Valve)가 마모되었을 때 일어나는 현상으로 가장 거리가 먼 것은?

① 스팀 노즐에서 물이 떨어진다.　② 스팀의 세기가 약해진다.

③ 압력이 천천히 올라간다.　　　④ 전기료가 올라간다.

⑤ 펌프가 고장난다.

정답　**09.** ①　　**10.** ⑤　　**11.** ③　　**12.** ③

13. 다음 중 커피 그라인더의 부품과 거리가 먼 것은?

① 분쇄 날   ② 입자 조절 레버

③ 도저   ④ 호퍼

⑤ 샤워 홀더

14. 그라인더를 자주 사용하는 경우 원두 통(Hopper)의 청소 주기로 가장 적합한 것은?

① 매일 한 번 이상

② 일주일에 한 번 정도

③ 2주일에 한 번 정도

④ 한 달에 한 번 정도

⑤ 분기에 한 번 정도

15. 추출을 위한 도구 중 탬퍼에 대한 설명이다. 다음 중 알맞은 것은?

① 라떼아트를 위한 길고 뾰족한 도구

② 포타필터에 커피를 담아 눌러줄 때 사용하는 도구

③ 회전하는 2개의 날로 이루어진 도구

④ 휘핑크림을 채워 장식을 하는 도구

⑤ 물을 항시 뜨겁게 하여 채워 두는 도구

정답 13. ⑤   14. ①   15. ②

01. 용수철을 이용한 지렛대 원리로 만들어진 최초의 에스프레소 기계를 만든 사람은 누구인가?

① 루이지 베제라(Luigi Bezzera)

② 데지데리오 파보니(Desiderio Pavoni)

③ 주세페 밤비(Giuseppe Bambi)

④ 달라 코르테(Dalla Corte)

⑤ 아킬레 가찌아(Achille Gaggia)

02. 에스프레소 머신의 발전 단계로 올바른 것은?

① 증기압 방식 → 진공 추출방식 → 피스톤 방식 → 전동펌프 방식

② 진공 추출방식 → 피스톤 방식 → 증기압 방식 → 전동펌프 방식

③ 증기압 방식 → 피스톤 방식 → 진공 추출방식 → 전동펌프 방식

④ 진공 추출방식 → 증기압 방식 → 피스톤 방식 → 전동펌프 방식

⑤ 진공 추출방식 → 전동펌프 방식 → 증기압 방식 → 피스톤 방식

03. 스팀 보일러에 공기를 빼주는 부품은 무엇일까?

① 역류 방지 밸브　　　　② 스팀 밸브

③ 히터　　　　　　　　　④ 에어 밸브

⑤ 플로우 메터

04. 다음 중 에스프레소 기계를 구성하는 것으로 옳지 않은 것은?

① 샤워 홀더　　　　　　② 그룹헤드

③ 메인 스위치　　　　　④ 개스킷

⑤ 데미타세

정답　**01.** ⑤　**02.** ④　**03.** ④　**04.** ⑤

05. 그룹헤드(Group Head)에 관한 설명 중 거리가 먼 것은?

① 재질은 스테인리스다.

② 항상 예열이 되어 있어야 한다.

③ 크롬으로 도금이 되어 있다.

④ 두께는 온도유지를 위해 두꺼워야 한다.

⑤ 포타필터를 고정하는 역할을 한다.

06. 온수 전자 밸브에 대한 설명으로 가장 옳은 것은?

① 전자석의 원리로 작동한다.

② 유동추가 불량인 경우 스팀노즐에서 스팀이 나오지 않아 마른상태가 지속된다.

③ 3방향으로 작동한다.

④ 온수를 사용하지 않아도 항시 작동하고 있다.

⑤ OFF 시 유동추에서 스프링이 차단할 수 있는 압력은 3 ~ 4bar 정도다.

07. 플로우 메터(Flow Meter)에 관한 설명으로 가장 거리가 먼 것은?

① 에스프레소 추출 시 물량을 감지한다.

② 파손 시 추출 버튼이 눌러지지 않는다.

③ 에스프레소가 잘 추출되지만 물량이 조절이 되지 않고 추출 램프가 점멸하는 경우 이상이 생긴 것이다.

④ 추출 물량이 계속 변하는 경우 교체해야 한다.

⑤ 이상 증세가 보일 경우 물이 흘러가는 곳이기 때문에 안전을 위해 전문기술자에게 알려 수리한다.

정답   **05.** ①   **06.** ①   **07.** ②

08. 일체형 보일러를 설명한 것으로 가장 바르지 않은 것은?

① 커피 보일러는 간접적으로 물이 데워진다.
② 스팀온수 보일러는 용량이 적은 것을 사용해야 보다 안정적인 온도를 얻을 수 있다.
③ 보일러 내부의 70%정도는 물로 채워져 있고 30%정도는 스팀이 저장된다.
④ 독립형 보일러 타입보다 가격이 조금 저렴한 편이다.
⑤ 스팀과 온수 사용 시 커피추출 온도가 변하는 단점이 있다.

09. 다음 중 반자동 에스프레소 기계의 장점과 가장 거리가 먼 것은?

① 다양한 에스프레소 음료를 만들기에 적합하다.
② 자동 에스프레소 기계에 비해 관리가 용이하다.
③ 특별한 기술이 없더라도 비슷한 맛을 낼 수 있다.
④ 자동 에스프레소 기계에 비해 잔고장이 적다.
⑤ 자동 에스프레소 기계에 비해 초기 구입비용이 저렴하다.

10. 에스프레소 추출 시 펌프 압력이 올라가지 않을 때의 원인이 아닌 것은?

① 물 온도가 낮은 상태에서 작동했을 때
② 전압이 낮을 때
③ 펌프 내부의 카본 실린더에 이물질이 많이 끼었을 때
④ 콘덴서가 불량일 때
⑤ 모터가 단선되었을 때

11. 기계를 5분 이상 사용하지 않다가 커피 추출 시 첫 잔만 물량이 변하는 경우의 원인은 무엇인가?

① 에어밸브 불량　　　　　　② 스팀 노즐 막힘
③ 플로우 메터 불량　　　　　④ 수위 감지봉 불량
⑤ 역류 방지 밸브 불량

정답　　**08.** ②　　**09.** ③　　**10.** ①　　**11.** ⑤

12. 그룹 개스킷(Group Gasket)의 교환 시기로 거리가 먼 것은?

① 커피 추출 시 옆으로 물이 샌다. 　② 개스킷에 탄력이 없다.

③ 커피 추출량이 많아진다. 　　　　④ 포타필터 장착 시 우측으로 과도하게 돌아간다.

⑤ 개스킷 가운데 홈이 생겨있다.

13. 그라인더의 입자를 조절하는 방법으로 가장 바르지 않은 것은?

① 입자확인 → 계량 → 추출 → 맛보기 순으로 진행한다.

② 그라인더 제조사마다 조절방법이 다를 수 있어 조절하여 사용한다.

③ 호퍼 안에 남아있는 원두는 모두 비우고 조절을 시작해야 한다.

④ 계속해서 입자를 확인하는 경우 원두통에 있는 것을 버리지 않고 다시 사용한다.

⑤ 입자를 조절할 때는 조절레버를 조금씩 움직여 굵기를 조절하여 진행한다.

14. 그라인더 모터에 대한 설명으로 거리가 먼 것은?

① 분쇄 날의 크기에 따라 모터의 용량이 차이가 난다.

② 그라인더 모터의 회전수는 일반적으로 800 ~ 1,200rpm을 사용한다.

③ 그라인더 모터는 고장이 발생되면 손쉽게 수리할 수 있다.

④ 그라인더 모터는 주파수(Hz)에 따라 회전수가 바뀐다.

⑤ 그라인더 모터의 구성은 모터 부분과 콘덴서로 이루어져 있다.

15. 에스프레소 추출 시 이용하는 기구에 대한 설명이다. 다음 중 알맞은 것은?

> **보 기**
>
> 에스프레소 머신에서 나오는 물이 포타필터에 담긴 원두에 고르게 분사되어 양질의 에스프레소를 추출하도록 분쇄된 원두를 눌러 평평하게 다져줄 수 있는 도구다.

① 핸드밀 　　　　　② 탬퍼

③ 온수기 　　　　　④ 패킹 패드

⑤ 스팀피처

정답　12. ③　　13. ④　　14. ③　　15. ②

▶ 저자 소개 ◀

김도현 본서 기획담당 / (주)대교통상 기술영업과 과장
김영달 본서 기획담당 / 김해바리스타학원 대표
박석원 (주)대교통상 A/S팀 팀장
김대성 (주)대교통상 A/S팀 과장
한영선 (주)대교통상 A/S팀 주임

커피머신 정비의 이론과 실제

초판인쇄	2016년 11월 10일
초판발행	2016년 11월 20일
지은이	김도현, 김영달, 박석원, 김대성, 한영선
펴낸이	김미아
펴낸곳	도서출판 한수
출판등록	제303-2003-000031호
주소	서울특별시 성동구 왕십리로 311-1
전화	02) 2281-8013
팩스	02) 2281-4102
홈페이지	www.hansoo.or.kr

copyright ⓒ 도서출판 한수. All Rights Reserved.

ISBN 979-11-85174-31-0 13570

커피 관련 시행 자격

자격 명칭	등록 번호	검정 형태	주요 직무
커피바리스타 2급	2008-0124	필기/실기	에스프레소 음료제조
커피바리스타 1급	2015-005372	필기/실기	에스프레소 음료제조 뿐 아니라 핸드드립 커피와 라떼아트 커피제조
커피마스터	2013-0706	필기/실기	다양한 추출과 음료 제조 능력은 물론 원가분석, 회계처리 등 커피매장 경영관리
로스터	2013-0707	필기/실기 or 과정이수형	생두 로스팅 및 블렌딩
카페경영관리사	2013-0709	필기/실기 or 과정이수형	커피매장 경영 자문 및 관리
라떼아트	2014-1534	필기/실기 or 과정이수형	라떼아트 커피제조
핸드드립	2014-1535	필기/실기 or 과정이수형	핸드드립 커피제조
커피지도사	2014-1536	필기/실기 or 과정이수형	커피이론 교육 및 실습지도, 연구 평가
에스프레소머신 오퍼레이터	2014-4003	필기/실기 or 과정이수형	에스프레소 머신의 구조와 동작 원리를 이해하고 고장 및 응급조치
에스프레소 테이스터	2014-4374	필기/실기 or 과정이수형	에스프레소 향과 맛의 평가
젤라띠에리	2014-4598	필기/실기 or 과정이수형	이태리 방식의 프리미엄 아이스크림 제조
CAEA Cupper	2015-002291	필기/실기 or 과정이수형	국가별 생두 및 원두의 품질 평가
바리스타 트레이너	2015-002833	필기/실기 or 과정이수형	커피 기술 관리자로서 교육 업무
사이포니스트 1급·2급	2015-003853	필기/실기 or 과정이수형	사이폰 기구를 활용한 커피 응용 추출
홈바리스타	2016-001317	필기/실기 or 과정이수형	가정에서 커피제조